Ach. DESBUQUOIT, B.

LA
TÉLÉRADIESTHÉSIE

ou

Prospection à distance

UTOPIE OU RÉALITÉ FÉCONDE ?

Contribution à l'étude du subconscient humain

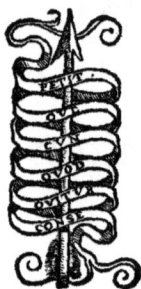

DE SUPERIORUM LICENTIA

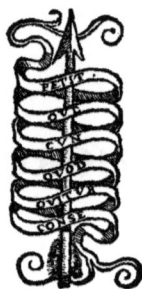

La TéléRadiesthésie

ou

Prospection à distance

DU MÊME AUTEUR :

Le messager de saint Paul, revue mensuelle, depuis 1908, Kain.

Précisions morales, dialogues, Messager de S. Paul, Kain.

Vivez donc en paix, dialogues, Lethielleux, Paris (épuisé).

Avec Dieu toujours, aux champs comme à la ville, Lethielleux, Paris.

Saint Paul notre grand modèle, Œuvre de S. Paul, Paris.

Saint Paul en tournée, drame, par B. DECRAENE, traduit du flamand, Kain.

Marie, idéal de vertu, par le P. SEMERIA, B., traduit de l'italien, Casterman, Tournai et Paris.

Pour mieux méditer, quelques points de vue, Casterman, Tournai et Paris.

Les veines qui tuent (nuisance des courants souterrains), Lethielleux, Paris.

Où tombe la foudre, Dumez, Wervicq.

Foudre et paratonnerre, Dumez, Wervicq.

La téléradiesthésie est-elle une réalité ? (Faits et essai d'explication), Casterman, Tournai.

Saint Antoine-Marie Zaccaria (fond. des Barnabites), Van Heden, Gand.

EN PRÉPARATION

Les harmonies de la souffrance, petit essai apologétique.

Pourquoi vous troubler ? 3° série de dialogues.

La vie de saint Paul racontée aux enfants.

———✦———

TABLE DES MATIÈRES

PREMIÈRE PARTIE

NOS SOUVENIRS

PREMIÈRE SECTION. — Période d'initiation.

DEUXIÈME SECTION. — Prospection visuelle.

TROISIÈME SECTION. — Téléradiesthésie.

DEUXIÈME PARTIE

CONCLUSIONS ET OBSERVATIONS DIVERSES
ESSAI D'EXPLICATION

PREMIÈRE SECTION. — Conclusion et observations diverses.

DEUXIÈME SECTION. — Vers un essai d'explication.

PRÉAMBULE

Parmi les prétentions des sourciers, il n'en est guère de plus inadmissible, à première vue, que celle de découvrir, sans aller sur place, des veines d'eau, des maladies, des métaux, d'autres objets situés au loin et souvent perdus ou cachés au sein de la terre. C'est ce qu'on appelle la prospection à distance ou téléradiesthésie.

Et cette distance ne s'entend pas seulement de plusieurs mètres ou de quelques décamètres, mais parfois de kilomètres, et même de milliers de kilomètres, jusqu'à l'autre bout du monde !...

Et cela se fait tout simplement en examinant un plan ou une photographie de l'immeuble ou de la personne dont il s'agit !...

Affirmation d'apparence saugrenue, assurément. Prétention ridicule s'il en est, dirait-on volontiers.

Il n'est pas au monde un homme de bon sens pour l'accepter sans preuves multiples, irrécusables, aveuglantes.

De telles preuves existent-elles ?

Peut-on les admettre sans tomber dans le ridicule et l'absurde ?

Ce pouvoir étrange, s'il existe, ne requiert-il pas une intervention surnaturelle ?

Voilà des questions qu'on nous a posées maintes fois et auxquelles nous voudrions répondre ici, non par des raisonnements plus ou moins logiques, mais par le simple récit des surprises que nous avons rencontrées dans l'étude de ces matières et par celui de quelques faits qui en disent plus long que toutes les théories sur la nature ou la portée de cette étrange faculté naturelle.

Ce mince témoignage individuel voudrait s'ajouter à la multitude imposante des attestations semblables émanant d'hommes de grande expérience et de réelle autorité, les Mermet, les Treyves, les Christophe, les Mertens, les Discry, combien d'autres encore, que je voudrais nommer !

Étrange faculté, disons-nous, non qu'elle soit en elle-même plus étrange que le fonctionnement de nos sens (vue, ouïe, odorat, etc.) ou que le pouvoir de notre esprit (pensée, abstraction, mémoire, imagination) : tout cela est parfaitement inexplicable et infiniment mystérieux. Ce qui donne à la prospection à distance son caractère étrange, c'est sa rareté, le nombre des téléradiesthésistes authentiques étant fort restreint.

Mais rareté ne veut pas dire impossibilité ni absurdité. Les Mozart, composant de très gentils morceaux de musique dès l'âge de quatre ans et donnant, à six ans, des concerts à la cour du roi de France, sont rares, assurément, infiniment plus rares que ceux qui passent toute leur existence sans connaître une note de musique. Mais ils existent, et point n'est besoin, croyons-nous, pour expliquer leur cas, de faire intervenir le diable.

Il est permis de croire, comme certains le prétendent, que tout homme possède à un certain degré le « sens radiesthésique »; mais rares sont ceux qui se *le découvrent* (1), et parmi ceux qui en prennent conscience, rares sont ceux qui le possèdent à un *degré remarquable* dès le début. Ajoutons que, parmi ceux-ci, rares sont ceux qui ont le courage ou les moyens de le développer et de *le faire fructifier.*

De là cette allure d'exception... celle qui caractérise les talents rares et les aptitudes très cultivées...

Le lecteur est prié de ne pas chercher en ces pages un étalage de prouesses radiesthésiques — nous sommes à cent lieues de là et nous évitons de propos délibéré les prouesses, dont la science n'a que faire — on n'y trouvera que le récit de faits souvent extérieurement insignifiants, *qui font étape* dans nos expériences de radiesthésie ; chacune de ces « étapes » marqua le point de départ d'une multitude d'applications pratiques dont le récit n'a pas sa place ici...

(1) L'auteur de cet ouvrage ignorait encore totalement ses aptitudes à l'âge de 54 ans ! Et c'est un hasard qui les lui a fait découvrir. Sans la fronde de ses jeunes voisins (voir page 38), il se serait sans doute à jamais ignoré comme sourcier.

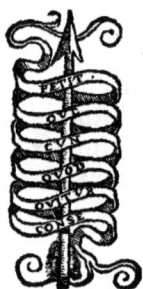

INTRODUCTION

————

I. — SUR LA RADIESTHÉSIE EN GÉNÉRAL

Qu'est-ce que la radiesthésie — Ce mot curieux, (dérivé du latin *radius*, rayon, et du grec *aisthèsis*, sensation), désigne une sensibilité spéciale à certaines personnes, entre les mains desquelles une baguette fourchue ou un pendule se met en mouvement sous l'action de certains objets cachés ou trop éloignés pour tomber sous l'action normale des sens.

Ce mouvement se déclenche tantôt automatiquement, tantôt suivant le choix de l'opérateur.

Il est *automatique* et d'ordre purement physique quand il suffit de tenir convenablement l'instrument pour qu'il se meuve de lui-même sous une influence extérieure, par exemple au passage du sourcier sur un courant souterrain ou sur un endroit du sol au-dessous duquel se trouve un vide ou des matières particulièrement lourdes ou radiantes, comme une canalisation, une forte masse de métal ou une source de forte ionisation...

Le déclenchement est *commandé* quand il se produit suivant le choix de l'opérateur, qui veut trouver tel objet caché parmi un grand nombre d'autres qui le couvrent ou l'entourent, un anneau ou une pièce de monnaie cachée, la profondeur ou le débit d'une source invisible, le potentiel vital d'un être vivant, etc., toutes choses qui ne feraient pas girer l'instrument sans la volonté explicite et actuelle de les trouver.

Les instruments du sourcier. — Nous ne décrirons ici ni la baguette ni le pendule, pas plus que la façon de les tenir ni la signification de leurs mouvements. Cela nous mènerait trop loin. On peut trouver sur ce point les indications voulues dans un grand nombre de livres qui en traitent et dont la liste s'allonge chaque jour (1). Mais il importe de ne pas oublier que la lecture des meilleurs ouvrages doit être précédée, chez les débutants, de l'observation d'un sourcier expérimenté et d'un essai fait avec lui. Un bon curé, qui n'avait jamais vu une baguette de sourcier, s'était procuré un beau et fort volume sur la radiesthésie ; il venait d'en achever la lecture au moment où je lui rendis visite.

« Je suis très heureux de vous voir, me dit-il, car je sais que vous êtes sourcier : je viens justement de me procurer, pour une forte somme, un bouquin sur votre art et je n'y ai rien compris du tout. Voudriez-vous me faire voir comment vous procédez pour effectuer une recherche ? »

Nous descendîmes au jardin ; je lui montrai mes détecteurs et la façon de s'en servir et, ayant découvert une veine, je lui en indiquai la direction, la profondeur et la qualité, ainsi que sa nuisance par rapport à tel arbre fruitier situé sur son cours. Au bout d'un petit temps, il me dit :

« Je viens d'en apprendre plus en un quart d'heure que durant toutes mes longues et fatigantes lectures.

— Si vous relisiez maintenant votre livre, dis-je, je suis certain qu'il vous fatiguerait beaucoup moins,

---

(1) Nous ne pouvons donner ici la liste des traités théoriques et pratiques de radiesthésie. Citons au hasard quelques noms d'auteurs : Mager, Padey, Lacroix-à-l'Henri, Henry de France, Discry, Mertens, Barbarin, Brochenin, Christophe, Bourdoux, Larvaron, etc., (voir la bibliographie à la fin du volume).

car vous voilà en possession de quelques notions essentielles qui vous faciliteraient l'intelligence du reste. Je ne veux pas dire que tout vous paraîtrait clair et limpide, car ces gros volumes renferment souvent des points (plus ou moins) obscurs même pour les radiesthésistes expérimentés... »

TROIS DEGRÉS EN RADIESTHÉSIE

On peut, dans la pratique de la radiesthésie, distinguer trois degrés principaux, selon que prédomine l'élément musculaire, visuel ou mental (1).

Premier degré : **la radiesthésie ordinaire,** qui est la faculté de découvrir les objets cachés, grâce aux mouvements du détecteur (baguette ou pendule) lors du passage de l'opérateur sur l'objet ou sur des « lignes de force » qui dépendent de lui.

Deuxième degré : **la radiesthésie visuelle,** qui permet à l'opérateur de reconnaître de loin la présence d'un courant souterrain ou d'un autre objet recherché, et cela grâce à l'action de cet objet sur le regard. Deux cas se présentent :

a) Perception directe de la présence de l'eau : c'est le cas de l'abbé Bouly, qui, à l'œil nu, voit où se trouve l'eau, sans pouvoir expliquer comment il le voit.

b) Perception indirecte du passage d'un courant souterrain. Dans ce cas, qui est le nôtre, le sujet n'a pas conscience de rien voir ni sentir avec ses yeux, mais, quand son regard passe d'un endroit neutre sur

---

(1) Bien que le mot *radiesthésie* signifie sensation du rayonnement des choses, il n'est pas d'usage de donner ce nom aux sensations pénibles que certains éprouvent sur un courant souterrain ou en présence de certains objets : sensation de froid, douleurs, contractions musculaires, etc. Ce sont là des infirmités.

un endroit irradié par une veine d'eau en mouvement, la baguette gire ou le pendule tourne dans ses mains comme s'il passait sur le courant : celui-ci agit de loin.

Troisième degré : **la téléradiesthésie** ou prospection sur plan ou sur photo, d'un objet situé à une distance quelconque de l'opérateur. C'est celle qui fait l'objet du présent opuscule. Ce que nous dirons des deux premiers modes de prospection n'a pour but que de faire mieux comprendre ce dernier.

SPÉCIALISATION ET VARIATIONS DE LA SENSIBILITÉ EN RADIESTHÉSIE

Les radiesthésistes et sourciers sont très inégalement doués, et cela à deux points de vue : d'une part, chacun d'eux est plus sensible à certaines matières qu'aux autres : il y a les spécialistes de l'eau, ceux des maladies ou des métaux, ceux de la prospection à distance, de la téléradiesthésie. Nous connaissons des sourciers qui ne sentent pas les maladies, des découvreurs de métaux qui sont insensibles à l'influence réfléchie de l'eau, des téléradiesthésistes sur qui les métaux n'ont apparemment aucune action, et ainsi de suite. Et il s'en faut que ce soit toujours faute d'exercice ; il n'est pas rare que ce soit manque absolu de sensibilité à certains égards.

Un autre genre d'inégalité entre sourciers provient de leur degré respectif de sensibilité radiesthésique générale, les uns percevant les influences les plus minimes, par exemple huit lignes de force de chaque côté d'un courant souterrain, tandis que d'autres ne voient leur instrument se mouvoir que sur deux de ces lignes.

Chez quelques-uns la baguette se meut avec impétuosité et le pendule gire avec un bel élan, tandis que chez d'autres ces mouvements sont beaucoup plus calmes et plus lents.

Ajoutons que certains sourciers et radiesthésistes ne sont sensibles que par intermittence : l'obscurité, la fatigue, la plus légère indisposition, un peu de vent ou de pluie, la présence de spectateurs, etc. leur enlèvent leurs moyens, tandis que d'autres sont presque toujours également en forme.

Chacun doit bien se connaître et ne pas vouloir dépasser les limites de ses aptitudes dûment contrôlées.

Agir autrement serait s'exposer à des erreurs qui peuvent le mettre en fâcheuse posture et compromettre la radiesthésie elle-même.

Ce conseil de prudence concerne seulement les prétentions affichées en public et non les essais ou les exercices faits en particulier. Ces derniers apportent parfois aux débutants d'agréables surprises, mais gare les conclusions trop hâtives et l'autogobisme !

COMMENT SAVOIR SI L'ON EST SOURCIER ?

Il n'y a qu'un moyen tout à fait sûr : c'est d'*essayer*, de préférence sous la conduite d'un sourcier. Un examen à priori, basé sur la réaction du sujet à l'une ou l'autre matière ou sur la longueur de rayonnement de la main, expose à des erreurs : on a vu des radiesthésistes aujourd'hui célèbres qui avaient été déclarés totalement inaptes à la suite d'un tel examen et de vrais inaptes déclarés ultra-sensibles...

On peut dire en général que ceux-là seuls deviennent de bons sourciers qui éprouvent un *réel attrait* pour cet art. Pour cet art, disons-nous, et non pour le profit qu'il pourrait rapporter. Ceux qui n'ont que l'intérêt pour guide feront difficilement autre chose que des musards ou des charlatans. La radiesthésie ne sera jamais le refuge de ceux qui se sentent incapables de réussir ailleurs.

Ceci est d'autant plus vrai qu'on ne devient pas sourcier sans une *bonne dose de volonté et d'intelligence* : de volonté, parce qu'il faut de l'énergie pour persévérer malgré les difficultés des débuts, malgré les sourires des ignorants, malgré l'hostilité des jaloux, qui font rarement défaut ; d'intelligence, parce qu'il n'est pas toujours aisé d'interpréter les mouvements de son instrument, de faire la part de la suggestion, de bien mesurer ses aptitudes et de ne se prononcer qu'en connaissance de cause, afin de ne pas tromper le public ni compromettre la radiesthésie.

Pour réussir, il ne suffit pas de posséder les qualités que nous venons de signaler — amour de son art, intelligence et volonté — il faut aussi, dans les débuts surtout, procéder à des *essais méthodiques*.

Faites-vous initier au maniement de la baguette ou du pendule.

Si telle baguette ne vous donne pas de résultat, essayez-en une autre plus forte ou plus souple.

Si votre pendule d'essai reste immobile, faites-en un autre plus léger ou plus lourd ; mettez-y une ficelle plus longue ou tenez-la plus court.

Si vous ne sentez rien le premier jour et en présence de spectateurs, travaillez le lendemain et les jours suivants, dans la solitude, un quart d'heure à chaque fois, une ou deux fois par jour.

Passez et repassez sur un puits, une citerne, une canalisation connue : il arrive que le don ne se révèle qu'après plusieurs jours d'essais et donne néanmoins d'excellents résultats.

QUELQUES CAUSES D'ERREUR

La déconsidération qui entoure la radiesthésie dans certains milieux n'est pas uniquement le fait des dispositions malveillantes des non-sourciers. L'hostilité de ces derniers aurait peu de poids si les sourciers eux-mêmes n'y prêtaient le flanc par la légèreté avec laquelle certains d'entre eux, surtout dans les débuts, pratiquent leur art et tirent des conclusions pratiques avant de connaître suffisamment leur instrument, le sens de ses mouvements et les limites de leurs aptitudes.

Nous ne voulons signaler ici que trois causes d'erreurs très fréquentes : la précipitation, la suggestion, les éclipses de la sensibilité radiesthésique.

La précipitation. — Elle consiste, non seulement à aller trop vite en besogne dans les expériences et recherches, mais à ne pas prendre, avant de parler, la mesure réelle de ses forces. Un exemple : le débutant, voyant sa baguette tourner sur un objet qu'il a caché lui-même ou dont il connaît l'emplacement, croit que c'est l'objet qui la fait tourner (alors que c'est son esprit qui l'actionne) et il s'imagine qu'elle tournera encore quand il ignorera l'emplacement de l'objet, ce qui est souvent une erreur. De là des échecs humiliants.

Il en est de même pour la profondeur et les autres particularités à trouver : en règle générale, on peut dire que tout sourcier trouve exactement les choses dont il connaît d'avance la position, car l'expérience prouve que cette connaissance produit le déclic du détecteur.

Il en va tout autrement quand c'est l'objet lui-même qui doit avertir le cerveau de sa présence. Cet avertissement objectif est souvent imperceptible pour le débutant et même pour certains autres aux jours où ils ne sont pas en forme, comme nous le dirons au paragraphe des éclipses de la sensibilité.

La suggestion. — Elle consiste à se laisser conduire par une idée personnelle ou étrangère. Vous croyez vous souvenir de l'endroit où se trouve l'objet cherché; vous croyez découvrir certains indices de sa présence; on vous donne une indication concernant les recherches faites par d'autres ou l'on affirme qu'on a des raisons de croire que la chose doit se trouver à tel endroit. Dans tous ces cas, prenez garde à vous, car tout cela peut entraîner un mouvement de votre instrument qui obéit à votre pensée, même erronée, et cela sans aucune connivence volontaire de votre part.

Tout sourcier, même expérimenté, doit se défier, dans ses recherches, des idées suggérées par l'entourage ou par les circonstances, car elles ont pour effet de provoquer le mouvement du détecteur comme si ce mouvement était dû à la matière cherchée.

Les éclipses de la sensibilité radiesthésique. — Rares sont les radiesthésistes qui soient constamment en possession de tous leurs moyens. Nous avons déjà dit que la sensibilité radiesthésique peut être très grande par rapport à une catégorie d'objets, par exemple l'eau ou les maladies, et être nulle par rapport à d'autres choses. Mais ce n'est pas de cela qu'il s'agit ici : par rapport à la spécialité même que l'on possède, qu'il s'agisse de métaux, d'eau, de maladies ou d'autres objets, la sensibilité de l'opérateur varie considérablement d'un moment à l'autre.

A certains moments on dirait que le détecteur ne demande qu'à travailler : il gire, il se trémousse, il réagit avec entrain. Le sourcier se sent à l'aise et sûr de son travail; il est en forme, avec le maximum de chances de réussite.

A d'autres moments, au contraire, il se sent moins de goût au travail, sans élan et comme fatigué d'avance; aussi ses réactions sont moins vives et sa confiance est restreinte. Quelle que soit la cause de cet état, atonie naturelle ou énervement causé par des spectateurs qui le gênent, il vaut mieux renoncer alors aux recherches, car on risque de faire du mauvais travail. L'abbé Bouly explique ainsi certain échec que ses adversaires ont monté en épingle : « Cette fois-là, j'étais tellement vexé par l'accueil inamical de certains de ces messieurs, que j'aurais dû tirer ma révérence et renoncer aux recherches demandées; mais, dans la crainte qu'ils n'exploitent mon désistement comme une dérobade, j'ai risqué l'expérience. Ce fut mon tort, car mon échec partiel fut un triomphe pour eux ».

On dirait en effet que le subconscient refuse de rendre service à des adversaires décidés. Il ne daigne pas éclairer ceux qui ne cherchent pas la lumière.

II. — POURQUOI NOUS AVONS ÉCRIT CET OPUSCULE

Nous ne nous dissimulons pas les imperfections du présent opuscule : il ne saurait beaucoup plaire à la masse des lecteurs, car il ne cherche nullement à faire étalage de ces prouesses extraordinaires dont le public est toujours friand.

Il ne saurait, non plus, s'imposer aux esprits plus ou moins scientifiques prévenus contre les radiesthésistes ou simplement exigeants à l'égard de leurs expériences : plutôt que de nous croire, ils contesteront notre compétence en la matière, peut-être même soupçonneront-ils notre sincérité.

Tout homme qui écrit sur une matière neuve doit s'attendre à ce genre d'opposition ; les radiesthésistes plus que les autres. Cela se conçoit du reste, car enfin, qu'un auteur abuse de la crédulité des lecteurs, c'est chose hélas ! trop commune et infiniment plus croyable que les faits rapportés ici, du moins pour les non-initiés, je veux dire pour ceux qui n'ont pas vu de près et touché du doigt la réalité.

Le lecteur, disons-nous, ne trouvera pas ici le récit de prouesses radiesthésiques. Nous avons voulu simplement montrer, de façon claire et nette, la série des constatations, parfois surprenantes, qui se sont imposées à nous. Vouloir raconter à la suite de chacune d'elles la multitude de faits analogues, souvent bien plus frappants, que nous avons rencontrés après ces expériences initiales, c'eût été nous engager dans la composition d'un gros volume, intéressant, sans nul doute, mais d'une utilité contestable, du moins pour le but que nous poursuivons.

Certains lecteurs inclineront à croire que l'intérêt ou l'amour-propre pourraient bien avoir leur part dans notre zèle pour cette science nouvelle. Il n'en est rien et il nous a fallu une bonne dose d'amour de la vérité pour nous y attacher.

L'amour-propre ? Il aurait dû simplement nous détourner de ces matières, comme il réussit à détourner tous ceux qui n'ont pas le courage d'affronter le discrédit que certains ont réussi à jeter sur la radiesthésie.

Tant de gens en effet ont voué à cette science en herbe une haine qui n'a rien de scientifique ni même de loyal. Toute science nouvelle rencontre des oppositions dont l'histoire s'amuse ensuite. Les savants qui ont eu le malheur de prendre position dans la question avant de l'avoir étudiée s'obstinent parfois dans leur attitude négative et ne veulent plus en démordre. — Géologues et hydrologues, d'après le général Barbarin, sont les ennemis-nés des sourciers, car, écrit-il, « en un tournemain la radiesthésie les a délogés de leurs positions. Alors qu'avec les procédés purement scientifiques (!) de la géologie et de l'hydrologie, les régions sans eau continuaient à végéter dans la sécheresse, les bons sourciers ont détecté tellement de points d'eau et les forages consécutifs ont été si fréquemment concluants que particuliers et collectivités n'hésitent plus dans leur choix entre le géologue et le sourcier » (1).

Bien d'autres encore ont intérêt à débiner les radiesthésistes et à les faire passer pour des nigauds ou des charlatans : outre les médecins, il y a les propriétaires, dont certains sont furieux — le mot n'est pas trop fort — de voir la baguette découvrir des courants nuisibles sous leurs immeubles, qui en subissent par le fait même une moins-value incontestable. — Il y a même les « importants », qui, plutôt que d'avouer qu'il existe en ce monde un don humain qui ne brille pas en eux, préfèrent nier ce don ou le rabaisser.

L'opposition de tous ces adversaires, pour n'être pas toujours ouverte, n'en est pas moins efficace sur le public. Certains d'entre eux arrivent à décon-

(1) Texte emprunté à l'excellent ouvrage intitulé *Qu'est-ce que la radiesthésie?* par G. Barbarin, qui, sans être sourcier, a fait sur les baguettisants et les pendulistes une étude remarquable et vraiment objective. (Édité par Plon, Paris).

sidérer le sourcier en lui décernant des éloges très habilement mêlés de réserves qui en détruisent tout l'effet et indisposent le monde contre lui. On peut même dire que telle est aujourd'hui la seule méthode d'opposition possible, et qu'elle sévit.

Et il ne manque pas de radiesthésistes, même de talent, qui reculent devant les conséquences de cette hostilité et... se cachent !

— Moi aussi, nous disait à l'oreille un membre de la haute aristocratie belge, je sens la baguette tourner dans mes mains, mais, dans notre milieu, je ne puis en faire l'aveu : on me taxerait de folie.

— Je ne veux pas que tu t'occupes de cela, disait un père à son fils très avantageusement doué pour la radiesthésie, on dirait que tu es un anormal (1).

L'auteur de ces lignes parle d'expérience. Il a vu des messieurs très bien le regarder d'un œil de défiance, et même de pitié, à partir du jour où ils ont appris qu'il s'intéressait à ces matières : le respect et l'affection s'étaient mués en hostilité dédaigneuse. Nous leur faisions l'effet d'avoir « sombré dans l'occultisme », comme de vulgaires spirites. A quoi aboutit l'ignorance !

Non, non, ce n'est pas dans la radiesthésie qu'il faut chercher le prestige et les honneurs. Quant aux avantages pécuniaires, nous pouvons attester que nous avons pris position dans la question longtemps avant de soupçonner qu'il pourrait en résulter le moindre avantage matériel.

Alors, dira-t-on, pourquoi vous exposer de gaieté de cœur à être honni, vilipendé ?

---

(1) On verra plus loin ce qu'il faut penser de cette anormalité du sourcier (p. 103).

Pour plusieurs raisons.

D'abord, parce que, comme on le verra, les circonstances nous ont mis à même de savoir à quoi nous en tenir sur une question très controversée, que des gens intéressés voulaient étouffer. Ayant touché du doigt la vérité, nous avons cru devoir l'attester, car toute vérité est divine et mérite notre respect.

Ayant constaté que la radiesthésie était capable de rendre de grands services au prochain, nous avons profité de l'occasion qui nous était offerte pour la soutenir et la défendre comme on défend les droits des malheureux...

Et puisque certains contradicteurs abusaient vraiment de l'impunité pour dénigrer les sourciers et paralyser leur action en les faisant passer pour des charlatans ou des déséquilibrés, alors qu'ils méritent notre estime et notre respect au même titre que les professionnels de n'importe quel art libéral, nous ne pouvions supporter qu'on vilipende de propos délibéré des gens que nous savions honnêtes et que nous nous estimions en mesure de justifier.

Nous voulons en même temps apporter notre modeste concours à certaines catégories de personnes exposées à des erreurs regrettables, notamment, 1o aux radiesthésistes trop timides, auxquels nous disons : « Défiez-vous de vous-même, oui, mais ne vous laissez pas impressionner par l'opposition jalouse ou intéressée que vous rencontrez; vous n'êtes pas sur une piste d'erreur, mais sur un chemin de vérité et de charité, où il vous sera possible de rendre au prochain de réels services ».

2o Aux âmes de bonne volonté et de bonne foi, qui sont parfois déroutées par des affirmations contradictoires, nous disons : « Voilà ce qui est, ce que nous avons vu, ce qui se fait; laissez dire les ignorants ».

3º A certains esprits dogmatisants qui croient avoir pour mission de contenir le monde dans le cercle étroit de leurs idées ou d'une tradition qui leur est chère, nous aimons à dire : « Défiez-vous de vos impressions. Vous n'avez pas épuisé le trésor de la science; les œuvres de Dieu et les ressources de l'esprit sont peut-être bien plus riches que vous ne le pensez et il nous reste sans doute encore bien des choses surprenantes à découvrir, auxquelles vous n'avez jamais pensé ».

4º Enfin, à ceux qui, sans le savoir, ont peut-être des aptitudes pour ce genre de recherches grandement utiles, nous indiquons le procédé qui nous a réussi et qui peut les mettre sur le chemin du succès. Puissent nos petits récits et nos modestes constatations inspirer une idée, un trait de lumière à des expérimentateurs, peut-être merveilleusement doués, mais qui n'ont pas été, autant que nous, favorisés par les circonstances.

C'est pour ces raisons que nous avons parlé, écrit, agi. Pas pour autre chose. Voilà pourquoi nous avons pris énergiquement position dans la question, alors que notre caractère sacerdotal et nos fonctions dans notre Ordre nous auraient imposé le silence et l'abstention, s'il fût resté le moindre doute en notre esprit.

Pendant longtemps nous nous sommes refusé à parler ouvertement des recherches sur plan et de la téléradiesthésie; non que nous eussions des doutes à son égard, mais parce qu'il nous répugnait de nous dire en état de faire des choses étranges à première vue. A quoi bon, tant que les droits sacrés de la justice ou de la vérité n'étaient pas ouvertement lésés ?

Mais quand nous vîmes de pieux ignorants se lancer dans des attaques grossières contre ceux qui pratiquaient cet art des recherches à distance, quand il nous parut que le silence serait comme un aveu d'incertitude ou de défiance, nous n'avons plus hésité à entrer en lice pour attester le caractère sérieux des recherches sur photo ou sur plan. Plus d'une fois nous nous sommes avancé à contre-cœur; mais la vérité nous paraît préférable à tout, surtout quand elle donne la main à la charité.

Et voilà comment, après des milliers d'exercices et une longue pratique journalière, nous déclarons aujourd'hui, à ceux qui doutent encore, que ces recherches sont à la fois possibles, simples et faciles.

Elles sont possibles, puisqu'elles se font tous les jours avec des succès constants (1).

Elles sont simples, puisqu'elles n'exigent ni transe, ni concentration d'esprit, ni apparat d'aucune sorte.

Elles sont faciles — j'entends pour ceux dont le sens radiesthésique est assez développé sous ce rapport — car il nous arrive de le pratiquer sans interrompre une conversation en cours. Cette opération ne présente pas plus de difficulté que n'importe quelle opération de nos sens.

Et c'est cette simplicité qui nous porte à croire que ce « don » pourrait bien être un reste de faculté autrefois vivace, aujourd'hui atrophiée en nous, et

---

(1) M. CHARLOTEAUX, dans son traité de « Radiesthésie physique », ose écrire : « En téléradiesthésie, les réussites restent l'exception. On ne peut guère compter plus de 25 % de succès, et encore pour des spécialistes entraînés ». Nous ignorons à quelle source M. Charloteaux a pris ses renseignements. Peut-être est-il dans le vrai quand il s'agit de la recherche de trésors ou d'objets perdus, mais nullement dans le domaine de l'eau et des lésions corporelles auquel nous nous bornons. Si nous y rencontrions ne fût-ce que 10 % d'erreurs, nous renoncerions immédiatement à la pratique de la téléradiesthésie.

qui survit en plus d'une espèce animale sous des
formes diverses, depuis l'insecte dont on raconte
pes merveilles stupéfiantes, jusqu'aux quadrupèdes
du désert, qui sentent de très loin la présence de
l'eau, en passant par le pigeon voyageur et les oiseaux
migrateurs, dont l'instinct reste un mystère inexpliqué.

Le lecteur remarquera, dans les pages suivantes,
que nous sommes parti du doute le plus absolu et
même de la négation instinctive du don sourcier.
Ce n'est qu'un peu à la fois que la vérité nous est
apparue : ce n'est que sous la contrainte des faits
que nous nous sommes inclinés. Ces notes, prises à la
suite de nos expériences les plus frappantes, marquent
les étapes que nous avons traversées dans notre
petit voyage dans le champ assez vaste de la téléradiesthésie.

Nous laissons maintenant la parole à nos « souvenirs », et réservons pour la seconde partie une
série d'observations répondant à des questions que
l'esprit du lecteur ne manquera pas de se poser.

Avant d'aborder le sujet de la téléradiesthésie,
nous consacrons un chapitre préliminaire à nos
débuts en matière de sourcellerie générale. Ce
préambule, croyons-nous, sera utile à plus d'un
lecteur peu initié.

———————◆———————

PREMIÈRE PARTIE

Quelques souvenirs

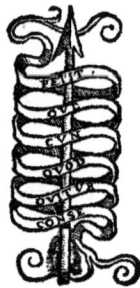

PREMIÈRE SECTION

PÉRIODE D'INITIATION

EXTRAITS DE MES SOUVENIRS

25 avril 1926.

Le dédain de l'ignorance.

Il y a des gens bien naïfs en ce monde : je viens de lire un article de revue dont l'auteur a l'air de prendre au sérieux les sourciers. Les sourciers! ces individus qui, au dire du dictionnaire, « prétendent découvrir les sources cachées dans le sol au moyen d'une simple baguette »! L'auteur affirme avoir assisté au curieux spectacle d'un homme qui, tenant des deux mains une « baguette fourchue » (?), ne pouvait, en certains endroits, l'empêcher de rabattre sa pointe vers le sol, et cet original certifiait qu'à cet endroit passait une veine d'eau à une faible profondeur. On aurait creusé pour voir et on aurait, de fait, trouvé une source abondante!

N'y a-t-il pas là une simple coïncidence, un hasard ? Un fait ne crée pas une loi. Si le fait se renouvelle régulièrement sur toute source, on se trouverait là en face d'une étrange maladie. Quel autre nom donner à une sensibilité si anormale ? Mais... il faut voir!

28 septembre 1926.

Contact indirect avec la radiesthésie.

Le R. P. Berthet, supérieur de notre maison de Paris, nous a rendu visite aujourd'hui... A un moment donné, parlant de son ancien camarade de collège, le Dr Moineau, de Paris, il me dit :

« Savez-vous qu'il est devenu un sourcier tout à fait remarquable ?

— Un sourcier! le Dr Moineau ? m'écriai-je. Qu'est-il allé faire dans cette galère ?... Est-ce que, par hasard, vous croiriez aux sourciers, vous, Père Berthet ?

— Eh bien, oui, j'y crois, mon cher Père, depuis que j'ai vu à l'œuvre le Dr Moineau. Vous savez pourtant que je ne suis pas crédule par tempérament.

— C'est incontestable et je le reconnais volontiers.

— Eh bien, après ce que j'ai vu et entendu, il m'est impossible de ne pas admettre un don du sourcier et un don remarquable. »

Après avoir raconté quelques faits stupéfiants, que je ne puis rappeler ici, il ajouta :

« J'ai l'impression que l'art du sourcier est encore à ses débuts tâtonnants, mais qu'il recèle de grandes possibilités : l'avenir pourrait bien lui réserver un rôle important à jouer dans la société par les services qu'il peut rendre... »

Il paraît qu'avec des baguettes de différentes couleurs, le Dr Moineau trouve très bien l'eau, les métaux et même la profondeur à laquelle ils sont enfouis. Il faut que ce soit ce sceptique de Berthet qui l'affirme pour que je n'accueille pas ses dires par un simple haussement d'épaules. Où allons-nous

s'il suffit de tenir une baguette en mains pour savoir
ce qui se cache dans les entrailles de la terre ?

14 juillet 1927.

Incertitude.

Depuis la visite du P. Berthet en septembre dernier,
j'ai eu l'occasion de lire plusieurs articles sur la
sourcellerie, qui paraît acquérir une certaine vogue.
La plupart confirment ce que m'avait dit le Père ;
d'autres se montrent sceptiques.

Les phénomènes restent inexplicables : quelle
relation peut-il y avoir entre le morceau de bois ou
de baleine qu'on tient en main et l'eau ou le métal
que recèle le sol ? On ne voit pas. Mais cette ignorance
ne prouve rien. Ces articles du reste sont sérieux
et objectifs. Il faut bien qu'il y ait quelque chose,
mais quoi ?

Il y a des erreurs, dit-on, dans les affirmations des
sourciers. Si elles sont nombreuses, leur art présen-
tera peu d'utilité.

10 février 1928.

Je vais enfin rencontrer un sourcier.

J'ai de la chance. Depuis longtemps je souhaitais
rencontrer un sourcier et le voir à l'œuvre, et voici
que les Dames de la Sainte-Union m'invitent à une
conférence qui aura lieu dans leur salle des fêtes de
la chaussée de Lille à Tournai. Elle sera donnée par
l'abbé Bouly, curé d'Hardelot (Pas-de-Calais), sourcier
réputé. Jamais je ne me suis autant réjoui d'assister
à une conférence. La nature de la force qui entre

en jeu dans les pratiques des sourciers m'intrigue vivement. Serions-nous en présence d'une puissance nouvelle, sœur de l'électricité et appelée comme elle à révolutionner le monde ?

15 février 1928.

Conférence de l'abbé Bouly.

Je reviens de la conférence de l'abbé Bouly, qui fut suivie d'un exercice pratique : la recherche d'une crypte dans le sous-sol de la cathédrale. Mgr Rasneur y était, ainsi que plusieurs membres de son clergé.

Le conférencier, après nous avoir raconté la genèse de sa « vocation sourcière », indiqua comment procèdent baguettisants et pendulisants et montre quelques-uns des résultats auxquels on peut arriver. Il découvre, non seulement l'eau, sa qualité, sa profondeur et même son débit, mais encore les métaux, les maladies, les microbes, les remèdes, au point d'avoir parfois à se prononcer sur des questions de diagnostic en cas de divergence entre médecins. C'est renversant.

Deux de ses affirmations m'ont particulièrement frappé : la première, c'est que beaucoup de personnes sont aptes à devenir sourcières moyennant quelques exercices assez faciles. L'autre, c'est que le cher abbé voit parfois à l'œil nu les endroits du sol sous lesquels passe un courant. Il constate là un phénomène physique, mais il ne lui est pas possible de donner une idée du signe extérieur qui lui révèle la présence de la veine. Cela ne ressemble à rien de connu. On dirait qu'il y a là un fait d'intuition (1). Il raconte

---

(1) Voir notre recherche commune du 18 janvier 1934.

même qu'il a pu indiquer de loin les filons de cuivre qui sillonnaient une colline rien qu'en observant un ingénieur qui, là-haut, passait sur ces filons invisibles. Au passage de l'homme sur la verticale d'un filon, la baguette trébuchait dans les mains de l'observateur resté à plus de cinquante mètres de distance.

C'est de plus en plus fort!

Dans l'après-dîner j'ai essayé nos élèves en leur mettant en mains une baguette de coudrier cueillie dans le parc du château d'en face. Résultat nul. Je me suis essayé moi-même, ainsi que mes confrères, sans plus de succès. Personne ici ne semble avoir le don. Je le regrette, car il eût été intéressant de pouvoir mettre à l'épreuve cette curieuse faculté et de voir ce qu'elle peut donner au juste.

22 février 1928.

Des sourciers chez nous !

A la suite d'une visite de M. l'abbé Delizée, professeur au Collège, qui réussit des expériences au pendule, nos élèves ont recommencé leurs essais, et aujourd'hui l'un d'eux, Raphaël Dalle, est venu me dire qu'il ne peut plus passer sur le puits ni sur les citernes sans que sa baguette tourne vigoureusement dans ses mains, et vraiment la chose paraît sérieuse, car il a trouvé sans peine des égouts et autres souterrains dont il ignorait l'existence. Mais la chose est à examiner de plus près.

25 mars 1928.

Le don du sourcier est une réalité.

Depuis un mois, j'ai multiplié les expériences avec R. D. et d'autres élèves, et j'ai pu constater que le don du sourcier est une réalité incontestable pour quiconque a l'occasion d'observer un bon sourcier et veut simplement ouvrir les yeux. Cette constatation est d'autant plus complète que, bientôt après R. D., plusieurs autres de nos élèves se sont révélés sourciers.

Aujourd'hui nos baguettisants sont bien une demi-douzaine.

Quand ils me disent que leur instrument tourne sur un puits ou une citerne, je me garde bien d'enregistrer simplement leurs dires. Je les mets à l'épreuve.

Et la chose est assez facile, car le sourcier doit découvrir les galeries et souterrains aussi bien que les veines d'eau ; or plusieurs cavités de ce genre se trouvent, chez nous, dans des endroits où nos enfants ne vont jamais et qui sont connus de moi seul. Je conduis là l'enfant et le laisse se débrouiller. Au bout d'un petit temps, je reviens demander le résultat de ses recherches, et j'ai souvent la surprise de voir qu'il a très bien tracé la direction du souterrain.

D'autres fois, je le conduis dans le voisinage d'une veine (découverte au jardin par un sourcier ayant fait ses preuves) et lui demande s'il trouve là quelque chose. Si l'endroit où tourne sa baguette est exactement celui que l'autre a trouvé, et cela sans qu'il y ait eu possibilité de communication entre eux, il faut bien admettre qu'une réalité extérieure entre en jeu. Or le fait s'est présenté nombre de fois.

18 nov. 1928 : Fête de N.-D. de la Providence.

Sourcier moi-même!

Me trouvant, ce soir, au fond de notre jardin, je remarquai à terre un joli bout de ficelle, que je ramassai. Il était attaché à un petit morceau de brique, dont les gamins du voisinage avaient fait une «fronde», et celle-ci, après un court et triomphal voyage aérien, était venue s'abattre dans cette allée.

En considérant ce jouet, je me ressouvins que l'abbé Bouly, dans sa conférence d'il y a neuf mois, nous dit que le pendule des sourciers est constitué par une masse légère de matière quelconque, métal, bois, pierre, etc. suspendue à une ficelle ou à une chaînette, et que cet appareil peut remplacer la baguette, jusqu'ici seule en usage dans notre maison.

N'ayant jamais vu opérer un pendulisant, je me demandais comment on pouvait bien employer un instrument si simple et, à tout risque, sans songer que mon geste pourrait servir à quoi que ce soit, je m'avançai lentement en tenant suspendu devant moi mon pendule d'occasion.

Quel ne fut pas mon étonnement de voir celui-ci, à un certain endroit, se mettre en mouvement circulaire, et mon briquaillon dessiner, au bout de sa corde, des circonférences de plus en plus grandes, dont le diamètre finit par dépasser un mètre !

— Voyons, me dis-je, ce n'est pas moi qui fais de si beaux ronds. Je tiens ma main bien immobile, je ne donne aucune impulsion... Serais-je sourcier au pendule ? Avançons toujours pour voir.

Dès que j'eus fait deux pas, le pendule s'arrêta.

Je recule jusqu'au même endroit : il reprend avec entrain sa giration.

Dès que j'avance ou recule de deux ou trois pas, le singulier mouvement circulaire cesse aussitôt.

Je continue ma marche en avant : un peu plus loin, le mouvement recommence de la même façon. Puis, ailleurs, une troisième fois.

Je prends note discrètement des endroits où les girations se sont produites, puis je vais demander à mon meilleur sourcier de chercher (en mon absence) les différents endroits de cette allée où, d'après lui, passe un courant souterrain. Quand, son travail terminé, je reviens voir le résultat, je constate que les trois zones qu'il a marquées correspondent exactement aux endroits où mon pendule avait tourné!

Me voilà donc sourcier pendulisant!

On éprouve une impression étrange à voir son instrument girer dans sa main sans qu'on fasse rien pour provoquer le mouvement ou pour le favoriser et sans ressentir ni impulsion, ni douleur, ni plaisir à la main ni au bras.

Il faut avoir subi ce phénomène pour comprendre les sourciers.

25 novembre 1928.

Premières observations personnelles.

Depuis une huitaine, j'ai observé attentivement ce qui se passe lorsque le pendule se meut. L'illustre Chevreul, fossoyeur de la « sourcellerie » pour un siècle, affirmait que le sourcier agite toujours quelque peu la main ou les doigts lorsque son détecteur tourne, et il en concluait que ce n'est pas la matière cherchée, mais l'opérateur lui-même qui imprime son mouvement au pendule ou à la baguette. Et le monde savant de dire *amen* pendant près d'un siècle.

Cependant l'illustre physicien semble n'avoir pas assez considéré un point important : c'est que le pendule ne tourne pas n'importe où, mais seulement à des endroits déterminés, notamment sur les sources et d'autres objets cherchés (1).

En observant ce qui se passe quand le pendule se meut, je constate fort bien que ma main ébauche toujours, de fait, un léger mouvement, totalement involontaire et par trop petit pour que je puisse voir s'il est circulaire. En tout cas, ce mouvement inconscient n'est nullement proportionné à l'ampleur de la rotation du pendule. C'est incontestablement une force étrangère à ma volonté qui provoque la giration en agissant à la fois sur l'instrument et sur le sourcier, comme si tous deux ne faisaient qu'un en l'occurence. Aucun de ces deux agents en effet n'est indépendant de l'autre : le pendule seul, suspendu au-dessus de la plus forte veine, reste parfaitement inerte. Le sourcier, de son côté, sans instrument ne saurait rien sentir ni rien découvrir. L'association des deux est une condition indispensable (2).

2 décembre 1928.

A propos de la giration du pendule.

Je viens de faire une série d'expériences qui me paraissent concluantes. Lorsque, sans être sous

(1) Cette note est erronée. Il n'est pas vrai que le détecteur ne tourne que sur les sources et les objets cherchés. Il tourne encore en d'autres endroits (notamment sur les rives de rayonnement, les lignes dites médianes et les parallèles de profondeur). Si on creuse à ces endroits, on n'y trouve rien, et Chevreul était excusable de ne pas savoir que le mouvement du détecteur était commandé par une eau qui ne se trouvait pas là, mais à une certaine distance de là. L'action très réelle des parallèles en question n'a été observée que plus tard.

(2) Quand j'écrivais ces lignes, j'ignorais encore que certaines personnes, sourcières ou non, éprouvent des douleurs au-dessus d'un courant souterrain et peuvent ainsi les déceler sans baguette ni pendule (Cf. *Les veines qui tuent* : Lethielleux, Paris, et Messager de S. Paul, Kain). Quant à l'agent qui meut le détecteur à l'endroit

l'action d'une veine d'eau, *je provoque volontairement la rotation de mon pendule*, je dois, pour y arriver, faire des mouvements beaucoup plus amples que ceux qui se produisent involontairement sur un courant que je traverse.

Et si je réduis volontairement les mouvements giratoires de ma main à l'exiguité des mouvements involontaires en question, il me faut *dix fois plus de temps* pour obtenir la belle et rapide giration qui se produit automatiquement quand je traverse une veine.

Constatations analogues par rapport à l'arrêt du pendule. Si je cesse d'entretenir le mouvement volontairement provoqué, je constate deux choses intéressantes :

1º *Cet arrêt volontaire ne se produit qu'après plusieurs tours décroissants*, comme chacun peut en faire l'expérience, tandis que, *si cet arrêt est automatique*, comme lorsque je sors d'une zone d'action énergique (par exemple quand je viens de traverser une forte veine), *mon pendule s'arrête brusquement* sans faire un tour de plus, comme freiné à bloc. En quittant la zone rayonnante, il perd littéralement toute la force giratoire que celle-ci lui avait donné. Le fait est curieux et mérite d'être noté, car c'est un mystère d'ordre balistique.

2º *Lorsque je cesse d'entretenir le mouvement* (provoqué volontairement), je constate que *ma main continue* néanmoins à se mouvoir tant soit peu avec le pendule en vertu d'une sorte de réflexe inconscient, tout comme elle se meut inconsciemment avec le pendule girant sous l'action d'un courant. Je fais cette remarque simplement pour que personne

voulu, ce ne peut être que mon âme, dont le subconscient, père ou frère de l'instinct, se fait sentir dans tous les cas de connaissance paranormale (télépathie, voyance, hypnotisme, etc.).

ne confonde mouvement réel avec mouvement volontaire.

Il y a là un fait qui mérite l'attention des physiciens.

13 décembre 1928.

Mes débuts avec la baguette.

Depuis quelques jours, j'ai fait de nouveaux essais *avec la baguette*, qui, comme je l'ai dit en mars dernier, n'avait rien donné dans l'essai passager fait alors. Or cette fois — est-ce parce que j'emploie une baguette mieux adaptée à ma sensibilité ou pour une autre cause ? je l'ignore — j'obtiens des résultats positifs.

L'instrument s'est mis en mouvement, d'abord comme en hésitant, avec mollesse et lentement, puis avec une vigueur croissante. Aujourd'hui il réagit avec violence.

Et, comme le mouvement de la baguette se déclanche instantanément, dès que j'entre en contact avec la rive d'une veine, je préfère de loin cet instrument au pendule, qui ne se met en marche qu'avec une lenteur agaçante.

Seulement la baguette paraît avoir, elle aussi, les défauts de ses qualités : elle tourne parfois à tort et à travers, sans que je puisse savoir pourquoi, et j'ai l'impression qu'il me faudra un temps assez long avant que je comprenne le sens de chacun de ses mouvements (1).

(1) Cette activité désordonnée de la baguette ne tarda pas à se modérer et, au bout de quelques mois, je distinguai mieux ce qui correspondait à ma recherche et ce qui lui était étranger. Peu à peu, du reste, je finis par être à peu près insensible aux influences étrangères et parasitaires. Mais ce ne fut pas sans peine, et je comprends qu'un grand nombre de débutants se découragent devant cette difficulté et abandonnent la partie.

DEUXIÈME SECTION

PROSPECTION VISUELLE

> Elle consiste à découvrir à distance les veines qui passent sous un terrain ou un immeuble *qu'on a sous les yeux.*

22 avril 1929.

Une « force » qui se réfléchit comme la lumière

Curieux !... Plusieurs fois déjà, durant les leçons que je donnais à mes jeunes sourciers, j'avais vu ma baguette sauter, parfois avec vigueur, alors que je me tenais immobile sans rien chercher. D'où pouvait provenir cette impulsion soudaine et sans cause apparente ? Etait-ce un dégagement de « force vitale » émanant de mon corps ? Était-ce l'effet de quelque influence extérieure, cosmique, que sais-je ? Je me le demandais. Aujourd'hui, je crois avoir trouvé la réponse, sans pouvoir expliquer le fait.

Durant la récréation de midi, j'exerçais un élève au maniement de la baguette. A un moment donné, je lui dis d'avancer dans telle direction, afin de voir s'il y découvrirait le courant qu'il y allait rencontrer. Je restai immobile, le suivant du regard, ma baguette en position de travail, par habitude. Or voici qu'au moment où l'enfant passa sur la verticale du courant, ma baguette se mit à sauter vigoureusement, bien que je fusse à plus de 15 mètres de là. Qu'est ceci ? Aurais-je donné une impulsion inconsciente ?...

Quand l'enfant fut un peu plus loin, je le rappelai en le suivant des yeux. De nouveau le mouvement se produisit à son passage sur la veine. Je fis immédiatement nombre d'expériences aux endroits où passent des courants, chez nous et ailleurs, même sur des terrains dont le sous-sol m'était totalement inconnu.

La conclusion s'impose : partout où passe une veine d'eau en mouvement dans le sol, si un homme en traverse la verticale pendant que je l'observe, mon instrument gire, même à une distance de 40 et 50 mètres de là!

On dirait vraiment que la « force » qui émane du courant se réfléchit au loin comme la lumière... Et elle produit non une couleur, mais le mouvement de mon instrument, et cela par l'intermédiaire de ma rétine, car, les yeux fermés, je ne ressens plus rien.

24 avril 1929.

Tout corps réfléchit ce rayonnement.

J'ai acquis aujourd'hui la certitude que, pour sentir l'eau à distance en observant un homme qui passe au-dessus d'elle, il est indifférent que cet homme soit sourcier ou non, qu'il soit enfant ou adulte. C'est son corps, y compris ses vêtements, qui agit comme un miroir et renvoie au loin cette force mystérieuse.

De l'homme je passai naturellement aux animaux.

Suivant du regard un cheval qui labourait un petit champ non loin de chez nous, je constatai que cet animal, à chaque fois qu'il passait à un certain endroit, faisait girer ma baguette. J'examinai l'endroit : il s'y cachait un courant souterrain.

Un peu plus tard, dans une prairie, une vache s'avançait, à quelque 200 mètres de moi ; à son passage devant tel piquet, ma baguette sauta. Là aussi une forte veine sillonnait le sous-sol.

Dans la soirée, une poule, un chat, observés discrètement pendant qu'ils avançaient dans un enclos, produisirent le même effet, et je trouvai dans l'enclos une veine insoupçonnée, révélée par le passage de ces modestes animaux.

Il me semble donc être en droit de dire que tout être vivant provoque ce mouvement du détecteur.

En serait-il autrement des êtres inanimés ? La chose paraissait peu probable, vu que les habits de mes collaborateurs agissent de même. Je procédai à des expériences en règle sur ce point. Elles ne laissent pas de place au doute : un chariot, une brouette, un objet quelconque qu'on pousse, dès qu'il arrive sur un courant souterrain pendant que je le suis des yeux, provoque la culbute de mon détecteur.

Je me trouve donc amené à conclure que non seulement les êtres vivants, mais tout objet matériel passant sur un courant transmet à distance la force dont je parle ici. Il y a là une ressemblance de plus avec la lumière, qui ne fait aucune distinction entre les êtres vivants et les autres (1).

J'ai voulu savoir si la force rayonnée par la veine se communique à tout l'être qu'elle atteint. Pour cela je place un élève sur la zone d'action d'une veine.

_____

(1) J'ai constaté depuis lors que toute matière, même l'air invisible a le pouvoir de faire mouvoir mon appareil. Que de fois, en prospectant de loin une maison située devant moi, je n'y découvris aucun courant passant au-dessous d'elle, mais j'en découvris un en continuant ma prospection à côté d'elle, dans la couche d'air qui lui était adjacente! J'estime toutefois qu'il serait vain de vouloir prospecter l'air de l'espace là où ne se dresse aucun objet pouvant servir de point de repère fixe, comme un bâtiment élevé, une tour, un arbre. Vous pouvez, avec le regard, diviser un champ en zones de 3 ou 4 mètres de largeur, mais essayez donc d'en faire autant de l'espace à 10 ou 15 m. de hauteur. Vos yeux se perdront dans le vague.

Tant que son corps entier est sur la verticale de la zone, chacune de ses parties, vêtements compris, actionne ma baguette. Mais, si je place le sujet sur le bord de cette zone et que je lui fasse étendre le bras ou la jambe vers l'extérieur, ces membres ne participent pas du tout au rayonnement du reste du corps. Je puis, sur ce bras ou sur cette jambe, comme sur le tronc placé en partie sur la zone, trouver exactement la limite de celle-ci, car sur cette limite mon détecteur se met en mouvement.

Il n'est donc pas strictement nécessaire que le corps traverse la veine pour qu'il agisse sur mon instrument, et ceci peut mener loin.

25 avril 1929.

Même les corps immobiles.

La constatation signalée hier, à la fin de ma note, me paraît très intéressante. Nombre d'observations faites aujourd'hui confirment que, quand j'observe, non plus des corps en mouvements sur la veine, mais des objets immobiles, arbres, piquets de clôture, haies, murs, portes, fenêtres, etc., ma baguette saute aussi, mais à une condition : c'est que j'aie au préalable observé d'autres objets ou parties d'objets qui ne sont pas sous l'action de la veine.

Voici comment je me suis rendu compte de cette loi.

Un élève était sur une veine d'eau que je connais. Je le fixe, ma baguette en position d'activité : elle ne bouge pas. Sur son voisin qui est également sur le courant, elle reste tout aussi immobile. Par contre, quand je viens d'observer d'autres élèves qui ne sont pas sous l'action de la veine et qu'*aussitôt après* mes yeux se portent sur ceux qui sont sur le courant, le mouvement se produit.

Je fis ensuite des constatations analogues sur une série d'autres objets : arbres, pylones, haies, murs, etc. Tous ces objets font tourner ma baguette à condition que, avant de les regarder, je fixe, au moins un instant, un objet voisin qui n'est pas sous l'action de l'eau.

Quand il s'agit d'une surface continue, comme un mur, une haie, un bâtiment, je puis de même savoir à quel endroit passe une veine, car, si j'en fixe successivement du regard des tronçons de 3 ou 4 mètres, mon détecteur trébuche dès que mon œil atteint un tronçon situé sur un courant.

27 avril 1929.

Le sol lui-même rayonne.

De nouvelles expériences faites aujourd'hui m'ont permis de conclure que le sol lui-même rayonne comme n'importe quel autre objet matériel, au-dessus d'une veine d'eau : quand je fixe successivement sa surface tous les deux ou trois mètres par exemple, ma baguette se meut dès que mon regard arrive sur une partie sous laquelle coule une veine.

Il en est de même de l'herbe et de toute plantation quelconque. Cette constatation me réjouit grandement, car je puis maintenant m'assurer que tel endroit proposé pour le creusement d'un puits est bien sur la veine et non entre deux parallèles : en cas de doute, je fixe le sol, pied par pied, à partir d'un endroit situé certainement en dehors de la zone rayonnante et, dès que j'arrive à celle-ci, mon instrument m'en avertit par une ou deux girations (1).

De toutes ces observations il semble résulter que ce qui fait tourner l'instrument du sourcier, ce n'est pas précisément la présence de l'eau, mais le changement d'état des objets rencontrés par le regard suivant qu'ils sont ou non sous l'action du courant.

Utilité pratique de cette aptitude.

Tout cela présente-t-il quelque utilité pratique ? Oui, certes. Quel avantage, par exemple, après une pluie ou dans un terrain boueux, de n'être plus condamné à parcourir de long en large les espaces à prospecter et de distinguer nettement de loin les endroits où passe un courant utile. Économie de temps et d'habits, car jusqu'ici mes chaussures et même le bas de ma soutane ont eu parfois bien à souffrir de ces recherches.

En outre, j'ai l'impression que cette recherche à distance l'emporte en sécurité sur celles qu'on peut faire sur place, car celles-ci nous exposent parfois à confondre les rives de la veine avec ses parallèles et vice versa (2), tandis que de loin, la zone rayonnante seule semble agiter le détecteur.

Mars 1929.

Même les maladies.

J'étais à Wevelghem, il y a une quinzaine de jours et je venais de procéder à une prospection d'eau,

(1) Nous disons bien deux girations, car, quand le courant est fort, il n'est pas rare que la baguette, je ne sais trop comment, fasse deux tours complets entre mes doigts, ce qu'il me serait impossible de faire volontairement.

(2) Pour comprendre ceci, le lecteur doit savoir que parallèlement à tout courant souterrain, il y a, à des distances diverses, des lignes

quand un groupe de messieurs vint me demander de chercher la blessure de l'un d'eux.

Je me récusai, naturellement, en disant que je n'étais pas médecin et que je n'avais nulle envie de commencer des travaux d'ordre médical. Mais mes interlocuteurs tenaient à l'expérience : ils insistèrent tant et si bien qu'à la fin, pour me débarrasser de leurs sollicitations, je finis par leur dire :

— Eh bien, messieurs, puisque vous y tenez tant, je vais vous montrer que je ne sais rien faire dans ce domaine.

Et, sans la moindre confiance, sans la moindre bonne volonté même, je me mis à prospecter le patient en dirigeant ma baguette successivement vers les différentes parties de son corps. Après le tronc, j'examinai les bras. Or entre son coude et son épaule gauches j'eus un violent mouvement de baguette, qui me surprit. J'examinai de nouveau le bras en partant de la main et, au même endroit, mon instrument réagit de nouveau. Intrigué je demandai :

— Est-ce que par hasard vous auriez là quelque chose ?

— Mais oui, me répondit-on, il s'est cassé le bras juste à cet endroit, il y a deux ans. Malgré la parfaite guérison, vous avez trouvé l'endroit sans peine.

Le plus étonné en l'occurrence, ce fut certainement moi.

Mais n'avais-je pas subi une transmission de la pensée de ces messieurs, qui savaient la chose ? Je me le demandais et, par prudence, je ne parlai à personne de ce petit fait, attendant l'occasion d'en

---

de force qui font tourner la baguette du sourcier à peu près comme la verticale du courant. De là des erreurs provenant du fait qu'on prend ces parallèles pour les rives du courant.

avoir une confirmation. Or cette confirmation je viens de l'avoir aujourd'hui.

Dans une réunion de famille à laquelle j'assistais, un des invités me pria de l'examiner. A sa demande je fis peu de résistance, n'étant pas fâché de savoir si ma réussite précédente était, oui ou non, un succès fortuit.

Cette fois, je rencontrai d'emblée deux points de réaction pendulaire, et l'intéressé avoua que ces points correspondaient à une suture d'opération et à un mal de gorge. Mais quand, ensuite, ma baguette tourna devant son épaule gauche, il prétendit n'y avoir jamais eu aucun mal. Pourtant la réaction de l'instrument était nette, vigoureuse. Je cherchais en vain à me l'expliquer, quand notre homme revint vers moi pour me dire :

— Père, je dois avoir fait erreur en disant que je n'ai rien à l'épaule. Quand je roule en vélo, ma main gauche ne tarde pas à devenir insensible, et cette insensibilité est toujours accompagnée d'une vague lourdeur dans la région de l'épaule...

Je l'interrogeai sur le passé : à l'âge de quatorze ans, il était entré dans une maison de commerce, où on l'avait chargé de porter journellement de lourdes caisses, dont l'angle, dit-il, appuyait parfois doulou-reusement sur cette épaule. Je viens de demander à un médecin s'il pense qu'il peut résulter de là une gêne dans la circulation du sang. Sa réponse est nettement affirmative (1).

Ce cas me paraît intéressant, car la baguette affirmait un mal que le sujet niait. Il ne peut donc être ici question de transmission de pensée.

_____

(1) Cette possibilité m'a été, depuis lors, confirmée par plusieurs médecins.

30 avril 1929.

L'œil doit intervenir, mais ne sent rien.

L'abbé Bouly voit à l'œil nu les endroits sous lesquels passe une veine d'eau (1), mais ne peut décrire ce qui lui révèle la présence de l'eau : il le voit sans savoir comment. Je pourrais en dire autant en ce qui concerne la prospection à distance dont j'ai parlé jusqu'ici. Lorsque, ma baguette en position de recherche, je découvre à distance un courant, mon œil ne subit absolument aucune impression consciente, mais ma baguette tourne, tandis que si je tiens les yeux fermés, elle ne bronche pas, même si quelqu'un passe, à deux pas de moi, sur une forte veine.

Quand, au contraire, j'ai les yeux ouverts, impossible de constater aucune impression visuelle nouvelle quand le sujet observé arrive sur une veine : il reste complètement inchangé; sa couleur, ses nuances, sa clarté ou ses ombres ne subissent aucun changement perceptible pour moi : mon œil ne voit en lui absolument rien de nouveau; mais on dirait qu'il agit sur mes bras : je ressens, à la hauteur des épaules, une sorte de tension, comme un besoin de décharge qui aboutit, non sans un certain soulagement pour moi, à la giration de l'instrument.

S'agirait-il d'une lumière invisible, infra-rouge ou ultra-violette ?C'est peu probable, car aucune lumière, que je sache, n'a la propriété de produire des mouvements musculaires en dehors des organes de la vue. J'ai plutôt l'impression que ma rétine véhicule inconsciemment, outre les rayons lumineux, un autre rayonnement qui déclanche dans mes bras une action musculaire, dont la nature nous échappe.

(1) Voir à ce propos notre prospection commune du 18 janvier 1934, p. 71.

TROISIÈME SECTION

PROSPECTION A DISTANCE
OU TÉLÉRADIESTHÉSIE

———————

2 octobre 1929.

Recherche de veines sur plan !

M. R. S., qui est un homme grave et sérieux, vient de me raconter une histoire invraisemblable concernant le fameux abbé Mermet, curé en Suisse, dont la compétence en matière de radiesthésie est universellement connue. Cette histoire a paru dans un journal sérieux — mais j'ai oublié lequel. — Une communauté religieuse établie en Colombie et manquant d'eau s'adressa à ce prêtre pour le supplier de venir à son secours et d'entreprendre le voyage vers l'Amérique du Sud.

Le Curé de Saint-Prex répondit : « Ce voyage m'est impossible, car je me dois à mes paroissiens, mais si vous vouliez bien m'envoyer le plan de votre Établissement, je pourrais peut-être vous rendre service sans quitter la Suisse ».

Le supérieur se conforma à ce désir, si étrange qu'il parût.

Or sur le plan reçu, le grand sourcier serait parvenu à trouver un point d'eau abondant et en aurait même indiqué la profondeur et la qualité. Tout aurait été trouvé selon ses indications !

Comment ajouter foi à de pareilles affirmations,

dont je dirais volontiers que l'absurdité saute aux yeux ? Car enfin, quelle relation peut-il y avoir entre un terrain — surtout s'il est situé à l'autre bout du monde — et le petit papier qui le représente par pure convention ? Est-ce que le papier change de nature parce qu'on y a tracé quelques lignes qui suivent plus ou moins fidèlement la configuration d'un champ ? Il faudrait, semble-t-il, avoir perdu le sens pour s'imaginer que, sur ce morceau de papier, le pendule va tourner juste aux endroits correspondants à la verticale d'un petit courant qui serpente sous le sol représenté, ce champ fût-il à trois mètres de moi. A plus forte raison s'il se trouve dans l'hémisphère austral !

Aussi ne puis-je m'empêcher d'attribuer au hasard la réussite de M. Mermet... à moins que l'histoire n'ait été inventée de toutes pièces dans le but de ridiculiser les prétentions des sourciers.

Mais ne nous pressons pas de trancher la question par la négative. Quand je songe que, pour trouver la profondeur d'un courant, il suffit de donner sur le sol de petits coups de pied rythmés en voulant que la baguette se lève quand le nombre de coups correspondra à celui des mètres de profondeur, je reste pensif : cette façon de trouver la profondeur, dans laquelle doit nécessairement intervenir un principe intelligent — notre âme subconsciente, évidemment — est à peine moins étrange, pour qui veut réfléchir, que les prospections sur plan. Et d'autre part, comment douter de la sagesse pratique de cette âme quand on songe à la perfection avec laquelle elle applique, dans la structure de notre corps et dans la conduite de notre vie, une multitude de lois que nous ignorons et qui ont trait à la physique, à la chimie, à la thérapeutique, à la balistique, à l'équilibre, etc., etc. ?

Ces considérations m'interdisent, semble-t-il, de proclamer impossible des constatations faites par des hommes sérieux, pour le seul motif qu'elles semblent contredire l'expérience et me paraissent incompréhensibles. Attendons les preuves, si elles existent.

4 octobre 1929.

Il y a vraiment quelque chose.

Je commence à croire que la prospection sur plan n'est pas une « blague ». Ayant trouvé aujourd'hui, à la salle d'étude des élèves, une grande carte de Belgique étalée sur une table, l'idée me vint — une idée qui me paraissait toujours saugrenue, mais enfin, si l'abbé Mermet avait réellement trouvé sur plan comme on le prétendait, je ne risquais rien en faisant un petit essai à l'insu de tout le monde — l'idée me vint donc de chercher si, contrairement à ce qu'on nous avait enseigné, la Belgique ne possédait pas quelque mine de cuivre! Cette idée m'était suggérée par le fait que mon pendule était en cuivre : le cuivre n'aurait-il pas quelque sympathie pour le cuivre ?

Et me voilà promenant mon pendule jaune sur les régions de la Haute Belgique, en quête d'une mine de cuivre!!! Dire que j'avais confiance d'en trouver serait entièrement contraire à la vérité. Et puis comment vérifier, si jamais mon instrument réagissait de façon significative ? Mais qu'importe ? Je ne fais qu'un essai, qui ne porte pas à conséquence, puisque nul ne me voit.

Mais voici que tout à coup mon pendule se met à tourner avec une vigueur qui semble me dire : « Voilà ce que vous cherchez ».

C'était au-dessus de *Vielsalm*, dans le nord du Luxembourg belge. Je recommençai ma prospection : même résultat. Je la réitérai en regardant en l'air, en me tournant de côté et d'autre, de manière à ne pas voir la carte : à chaque fois que mon pendule tournait, j'avais mon index gauche sur Vielsalm !

Décidément, cela commence à devenir intéressant et j'ai grande envie d'écrire au curé ou au bourgmestre de Vielsalm. Mais je m'expose au ridicule. A tout risque, commençons par consulter la géographie. Voici un vieux bouquin hors d'usage, mais qui renseigne sur les productions des plus petites localités du pays. Les livres sont des amis si discrets, et ce vieux manuel crasseux ne va pas se moquer de moi parce que je l'ouvre à « Vielsalm ». Nous y voici ; lisons : « VIELSALM. — Ardoises... Kaolin... Possédait autrefois des *gisements cuprifères* ». Du cuivre, hé ! hé ! ne suis-je pas en train de rêver ? Mais non... Serait-ce une simple coïncidence ? Elle serait pour le moins curieuse... S'il y eut autrefois des gisements cuprifères, il serait étonnant qu'il n'en subsiste pas quelque petit reste (1).

J'ai d'ailleurs un moyen assez simple de savoir si les recherches sur plan correspondent à une réalité pratique. Étant beaucoup plus sensible à l'action des veines d'eau qu'à celle des métaux, je chercherai sur plan les veines qui passent dans les propriétés que j'ai à prospecter, avant de les chercher sur place. J'aurai l'occasion dès demain.

_____

(1) En 1940, j'eus le plaisir de faire la connaissance d'un instituteur de Vielsalm. je l'interrogeai, naturellement, au sujet du cuivre. Il me dit qu'on en trouve des parcelles un peu partout dans le village, et qu'on l'appelle « l'or de Vielsalm ».

5 octocre 1929.

Deux essais qui paraissent deux réussites.

Ce matin, avant de partir pour chercher une veine d'eau à la ferme L., je dessine *grosso modo* le corps de logis et, sur ce plan très imparfait, je promène mon pendule avec l'intention de savoir s'il passe un courant sous ce bâtiment ou à proximité. Je désire que la présence du courant me soit révélée par une rotation de mon détecteur, comme le fut récemment celle du cuivre de Vielsalm.

Je longe, sur le papier, la façade, devant, derrière : rien.

Je prolonge ma recherche plus loin que la façade. A peine l'ai-je dépassée à gauche qu'une giration assez vive se produit. J'y fais une marque, puis revenant vers la maison, je fais d'autres prospections parallèles à la première, en avant, puis en arrière ; j'obtiens ainsi une série de points qui se trouvent en ligne à peu près droite le long du pignon du corps de logis.

Tout cela s'était fait sur le papier. Restait à voir si la prospection sur place me donnerait quelque chose de semblable. Arrivé à la ferme, je longeai la façade sans rien trouver ; mais dès que je l'eus dépassée à gauche, ma baguette commença à tirer pour culbuter trois ou quatre mètres plus loin. J'y trouvai les deux rives d'un courant qui suivait une direction parallèle au pignon de la maison (1).

Exactement comme sur le plan!!! Étrange!

(1) Le forage qui fut pratiqué à cet endroit donna une eau abondante, comme l'annonçait la vivacité du mouvement de la baguette, celle-ci étant fonction, non seulement de la sensibilité actuelle du sourcier, mais de l'importance de la veine.

Ce soir, vers 17 heures, devant passer près de l'école de N., que je n'avais jamais prospectée, je fis au préalable un croquis de la partie qui longe la rue. Lors de mon passage, je pris ma baguette en main. A un moment, un mouvement violent m'avertit que je franchissais un courant souterrain... C'était exactement l'endroit où je l'avais trouvée sur le plan ! Comment est-ce possible ? Pourtant je ne songeais nullement à mon plan à ce moment-là, et, d'ailleurs, la violence du mouvement en question était une preuve que ce résultat n'a rien à voir avec la suggestion. Mémoire latente, dira peut-être quelque savant... Nous verrons bien avec le temps.

En tout cas, je ne puis plus rejeter l'idée de la possibilité des recherches sur plan. Reste à voir ce que donnera la pratique. En vue de savoir à quoi m'en tenir, je ne manquerai pas de préparer ainsi le travail à chaque fois que j'en aurai l'occasion et d'observer ce que donneront les puits creusés d'après ces indications trouvées sur plan (1).

24 octobre 1929.

Le doute ne me paraît plus possible.

Depuis environ trois semaines, j'ai fait une foule de recherches sur plan avant de procéder à la pros-

---

(1) Au moment où paraît cet ouvrage, des centaines de puits ont été creusés d'après les recherches sur plan, même en pays étranger (Italie, Congo, Brésil) ; nous n'avons pas souvenance que ce genre de recherche ait donné lieu à une erreur, du moins en ce qui concerne la localisation. Pour ce qui est de la profondeur, s'il y a des erreurs comme dans la prospection sur place, nous avons nettement l'impression que le plan est plus sûr que le terrain. Peut-être en raison de la solitude et de la paix dont jouit le téléradiesthésiste dans son cabinet de travail.

pection sur place. Or je dois à la vérité de dire que pas une fois les indications du plan ne se sont trouvées en défaut. Je ne trouve pas toujours sur plan toutes les petites veines existantes, et c'est heureux, car je ne veux que les bonnes, celles qui donneront satisfaction (au client) ; mais je n'ai jamais trouvé sur plan un courant qui fût inexistant dans la réalité. Plusieurs puits ont déjà été creusés d'après ces indications. Toujours avec succès.

Quand j'arrive dans une maison où l'on m'a demandé une prospection, je commence d'ordinaire par demander la permission de travailler cinq minutes dans la solitude. Durant ce temps, je trace un grossier croquis du bâtiment où je me trouve et que j'ai observé en arrivant, et, sur ce plan improvisé, je fais ma première recherche. Il ne me faut que peu d'instants pour orienter ainsi ma prospection sur place. Je me contente de l'à peu près, car il ne s'agit que de savoir par où commencer. Or les recherches ultérieures confirment régulièrement, et de façon stupéfiante, les données du pendule promené sur le plan !

Je continuerai désormais à agir de cette façon, sans en rien dire au public, car si ma conviction personnelle est faite sur ce point, il s'en faut que toutes les questions que soulève ce fait soient résolues, et je voudrais, si un jour je dois en parler, avoir le droit et être à même de communiquer aux autres ma certitude. Y arriverai-je jamais ? Je l'espère, dans l'intérêt de la vérité, tant la chose est simple et comme naturelle chez moi. En tout cas, je n'en parlerai pas dans mes petites chroniques radiesthésiques du *Messager de saint Paul*. A quoi bon ?

26 octobre 1929.

On peut trouver autre chose que l'eau.

Depuis quelques jours, je me suis aventuré dans un domaine de recherches étrangères à l'eau. Ayant constaté qu'en prospectant sur plan, j'éprouvais comme de petites secousses à certains endroits, je crus remarquer, après un certain nombre d'observations, que ces secousses m'étaient données par la rencontre des murs des constructions.

Pour en avoir le cœur net, j'essayai de dessiner le rez de chaussée d'une habitation que je ne connaissais pas. C'était la maison d'un de nos élèves. L'enfant me déclara que telle était bien la disposition des pièces, des couloirs et même des portes!

Un cas typique vient de se produire aujourd'hui. Le scolastique R. R., durant la récréation de midi, me demande où se trouve son père à ce moment-là. Sans rien lui promettre, je fais quelques recherches. Au lieu d'une feuille de papier, puisque nous sommes dans la cour, je prends le sol pour y tracer le dessin à faire, car j'ignore tout, sauf l'existence de monsieur R., et il s'agit de dessiner les contours de la pièce où il se trouve. Est-il chez lui ou ailleurs, je l'ignore. Voici comment j'organise ma recherche. Sur le sol de la cour de récréation, à l'endroit où je me trouve, je fais une petite croix avec le pied. C'est là que je figure et localise M. R. Partant de cet endroit, je me dirige successivement vers les différents points cardinaux en désirant qu'un mouvement de baguette m'indique la présence d'un mur. Cette présence se traduit par une giration de mon instrument. Un mur rencontré, je reviens en arrière pour y retourner plus à droite ou à gauche, afin de connaître la direction du mur, car à chaque rencontre ma baguette culbute. J'agis de même pour chacun des quatre murs.

La surface de la pièce ainsi déterminée, il m'arrive de chercher les principaux meubles et même les personnes qui s'y trouvent. C'est ce que je fis chez monsieur R. Je trouvai celui-ci auprès d'une « résistance » rectangulaire d'environ 1 mètre sur 1 m. 40. Je supposai que c'était une table.

— En effet, me dit don R., à cette heure mon père doit être à la maison et c'est bien là, dans cette position, que se trouve la table. Trouvez-vous d'autres personnes avec lui à table ?

Je fis lentement le tour de la table et y rencontrai quatre personnes.

— Quatre seulement ? me demanda don R., il doit y en avoir cinq.

Je refis, avec un redoublement d'attention, le tour de la table.

— J'ai beau faire, dis-je, je ne trouve que quatre personnes, mais celle de ce côté-ci n'est pas au milieu de la table. On dirait qu'il y a là une place libre.

— Oh ! Père, s'écria tout à coup notre scolastique. Je comprends : c'est aujourd'hui mercredi, jour où ma sœur — qui occupe précisément cette place — ne dîne pas à la maison. Je n'y songeais pas. Votre baguette me le rappelle. C'est stupéfiant.

Cette distraction du jeune religieux n'est pas sans importance ici, car elle prouve que mes trouvailles n'étaient pas suggérées par lui.

Mais j'avoue que de pareilles recherches me fatiguent beaucoup et que je n'ai nullement l'intention de les pousser au-delà de quelques expériences documentaires, destinées à me renseigner sur la possibilité de telles recherches. On ne fait bien les choses d'ailleurs qu'à condition de savoir se borner. A mon âge et avec toutes mes occupations, les recherches d'eau, sur place et sur plan, me prennent déjà assez de temps.

27 octobre 1929.

Jusqu'au delà des Alpes !

Recherche sensationnelle ce matin. Notre jeune confrère R. C. m'avait demandé si je pourrais dessiner la pièce de sa maison, située en Italie, où se trouvait sa mère à cette heure-là.

C'était la première fois qu'on me demandait une recherche aussi lointaine. Aussi n'est-ce pas sans hésitation que je me mis à l'œuvre, localisant madame C. comme j'avais fait hier pour monsieur R.

La pièce que je trouvai n'était pas d'équerre et, de plus, je sentis, le long d'un mur, une sorte de saillie vaguement arrondie.

Quand je signalai la chose au Père en lui montrant le dessin, il se prit la tête entre les mains et s'écria stupéfait :

— Mais, Père, c'est fantastique ! Voilà bien la forme irrégulière de la pièce où travaille habituellement ma mère à cette heure-ci. Quant à la saillie que vous dessinez, c'est celle d'un puits, qui se trouve précisément là, sous le mur. C'est renversant.

Je n'était pas moins étonné que lui (1).

(1) Parmi les recherches de ce genre, il en est une qui fut un insuccès complet. Le Père C. devait faire la classe dans une autre salle qu'à l'ordinaire. J'ignorais laquelle, et il était entendu que j'en chercherais la forme. L'échec fut complet. Pourquoi ? Est-ce parce que le Père ne voulait pas que je le découvre ou parce que je m'imaginais qu'il devait être dans telle salle à laquelle je pensai durant les recherches ? Quoi qu'il en soit, la possibilité de pareilles recherches me paraît incontestable et il ne semble pas que la distance soit un obstacle.

19 juin 1930.

Le pendule qui corrige nos erreurs !

Quand je dis : le pendule, j'entends ici le subconscient.

J'ai constaté aujourd'hui, et ce n'est pas la première fois, que mon subconscient se met charitablement à corriger les erreurs de mon « conscient ». Il y a quelques jours, M. D., brasseur à D., en Flandre, me pria d'aller lui chercher une bonne veine d'eau pour son Établissement. Comme d'habitude depuis quelque temps, en pareil cas, je demande, au préalable, un plan de la maison, afin de me débrouiller plus facilement au milieu des constructions et des annexes. Il m'envoya un croquis, fait au crayon : et dont, sans doute, il ne voyait pas bien l'utilité, ce qui explique l'erreur dont nous aurons à parler.

Sur ce plan approximatif, examiné dans ma chambre, j'avais trouvé, *à environ 10 mètres de la limite du terrain*, un courant qui paraissait convenir à merveille pour la brasserie, car il semblait la longer d'un bout à l'autre, à 2 ou 3 mètres de la façade. C'est donc, naturellement, de ce côté-là que je me fis conduire en arrivant sur les lieux ce matin.

Or, à ma grande surprise, je ne trouvai devant la bâtisse aucune trace de veine. Serait-ce que, pour la première fois depuis que je cherche sur plan à cette échelle, j'aurais fait une erreur ? J'incline plutôt à croire que le plan a été mal fait, car telle que je l'ai sentie, il n'est pas possible que la veine en question n'existe pas. Cherchons aux alentours. Dans la cour qui se trouve devant le bâtiment, je ne trouve point de veine. Ne se trouverait-elle pas sous la construction ? Je passe le long du pignon et trouve là un courant, qui accuse sa présence par un rude coup de baguette. Sa direction est bien celle que m'avait indiquée le plan ; mais au lieu de passer *devant* la brasserie, il passe *au-dessous* d'elle. Pourquoi cet écart ?

J'examine le plan : il a été un peu bâclé : le bâtiment y figure *tout contre la limite du terrain*, alors que, dans la réalité, il se trouve *à plusieurs mètres de là* ! Voilà l'explication.

C'est un plan de la propriété que j'ai demandé et qu'on m'a envoyé. Ma veine se trouve bien à 10 mètres de la limite du terrain, mais le dessinateur, sur ce terrain, *a mal placé le bâtiment* : au lieu de le mettre à 6 mètres du fossé-limite, comme il l'est, il l'a mis contre cette limite.

Si, au lieu du plan du terrain, on ne m'avait envoyé que le plan de ce bâtiment, nul doute — je parle d'expérience — que j'y eusse trouvé, en son milieu, la veine qui le traverse. Mais comme c'est sur un plan du terrain que j'ai opéré, peu importe que les bâtisses soient ici ou là ; ce n'est pas elles que je prospecte, mais le terrain, et mon subconscient me révèle la présence de la veine là où elle est dans le terrain (1).

8 mars 1938.

Autre cas semblable (2).

Une brasserie importante des Flandres, voulant organiser un jardin ouvrier sur le Mont Kemmel,

---

(1) Plusieurs cas semblables de rectification d'erreurs se sont présentés depuis ce jour au cours de mes recherches : ils prouvent que notre âme a dans son tréfond, des ressources que tous ne soupçonnent pas.

(2) Nous signalons ce second cas, qui ressemble au précédent, parce qu'ici il s'agit, non seulement d'un écart de quelques mètres,

avait demandé mon concours comme sourcier. Sur le plan qu'elle m'envoya du terrain, j'avais trouvé et tracé deux veines qui traversaient l'allée par laquelle on entrait dans le futur jardin.

En arrivant sur place, aujourd'hui, j'eus la déception de ne rencontrer dans le sentier par où nous étions entrés aucune des veines découvertes sur plan. Mon regret était d'autant plus vif que mon travail se faisait en présence de membres du clergé et du conseil d'administration de la société. A un moment, on me cria : « A droite, Père ». Je m'engageai dans l'allée de droite et y rencontrai successivement deux veines traversant cette allée-là ; puis j'entendis ces messieurs qui, groupés autour du plan, se disaient entre eux : « C'est stupéfiant! Incroyable! Et pourtant...! »

— Messieurs, dis-je, j'ai l'impression d'avoir fait erreur sur toute la ligne. C'est dans l'allée d'entrée que j'aurais dû trouver deux veines et non dans celle-ci.

— C'est maintenant que vous faites erreur, Père, me dit-on. Les deux courants portés sur le plan sont exactement ceux que vous venez de découvrir ; ils sont aux endroits indiqués sur le plan et suivent la direction que vous leur trouvez. L'allée que nous avons quittée ne fait pas partie du futur jardin. Nous vous félicitons de l'exactitude de vos recherches sur plan et en sommes émerveillés.

— S'il en est ainsi, dis-je, je ne regrette pas mon erreur, car elle prouve du moins que ce n'est pas la suggestion qui me fait découvrir l'emplacement des veines. Si la suggestion était en cause, c'est là-bas que j'aurais trouvé des veines... imaginaires alors (2).

mais d'une confusion de terrains, adjacents mais perpendiculaires l'un à l'autre.

(2) Après cette prospection sur plan si remarquablement confirmée

9 Juin 1932.
Première affirmation publique...

Hier pour la première fois, j'ai été amené à me prononcer en public sur la prospection à distance. M. l'abbé Van der Elst, aumônier du CIBI, — la caserne ecclésiastique où Séminaristes et religieux belges font leur année de service comme brancardiers de l'armée — me pria de faire à ses élèves une conférence sur la radiesthésie.

Au cours de cette conférence, il me demanda à brûle-pourpoint si je croyais à la possibilité de la prospection sur plan. Bien que déterminé à ne jamais aborder spontanément cette question en public, je répondis en toute franchise que j'y croyais et ne pouvais pas ne pas y croire après toutes les expériences que j'avais faites depuis près de trois ans.

— J'avoue, dis-je à ces messieurs, que la chose paraît absurde et abracadabrante; j'admets qu'on n'y puisse croire sur la simple affirmation d'un homme, si autorisé qu'il paraisse, j'admets qu'il est cent fois plus facile de croire que le conférencier se met le doigt dans l'œil jusqu'au coude, ou même qu'il déraisonne complètement, que de croire à l'existence de pareille faculté chez un homme normal. Oui, messieurs, j'admets tout cela, mais, vous le savez, « le vrai peut quelquefois n'être pas vraisemblable », et c'est ici le cas. Je vous l'affirme avec la même certitude que celle que j'ai de mon existence et de la vôtre ».

par la recherche sur place, ces messieurs, trouvant trop grande la profondeur de l'eau, me prièrent de chercher un autre courant moins profond. J'en trouvai un dans un terrain labouré par les obus. Ma recherche de la profondeur, faite en présence de ce jury, fut-elle influencée par les désirs de l'administration? Toujours est-il qu'on ne trouva pas d'eau à cette faible profondeur.

Je ne me flatte cependant point d'avoir convaincu tout l'auditoire, car ce sont là des choses qu'on ne saurait croire que moyennant des preuves qui crèvent les yeux.

16 septembre 1933.

Un homme stupéfait.

Lundi dernier, au moment où j'allais sortir, on m'annonce qu'un inconnu tient absolument à me dire deux mots.

— Père, dit-il, je voudrais vous emmener immédiatement à R., où je dois commencer ce matin le forage d'un puits. Ma voiture est devant votre porte. Si vous vouliez bien y monter, dans une couple d'heures nous pouvons être rentrés.

— Impossible, fis-je, il me faut partir au train dans dix minutes au plus tard, pour une tournée qui, malheureusement va me prendre toute la semaine. Je ne puis vous offrir que le premier jour de la semaine prochaine, fût-ce dimanche, si c'est nécessaire.

— Hélas! répondit l'entrepreneur, je ne puis attendre, mes ouvriers vont entamer le travail dans une heure; je vais devoir choisir l'endroit au petit bonheur...

— J'en suis désolé, dis-je, mais qu'y faire? Le programme de ma semaine est arrêté; je suis attendu partout à jour et à heure fixes... Cependant, une idée!... il y a peut-être moyen de tout arranger. Dites-moi. Est-ce à proximité de bâtiments existants que vous devez faire ce puits?

— C'est dans la cour d'une petite ferme.

— Alors tout va bien. Voici une feuille de papier; veuillez y tracer un croquis du corps de logis.

— Volontiers... Le long de la route, comme ceci, la maison d'habitation, et voici la grange, qui lui est perpendiculaire.

— Bien. Laissez-moi examiner ce plan; je verrai vite s'il passe une veine dans la cour de la ferme... En voici une qui traverse la grange en son milieu, d'avant en arrière... En voici une autre, qui part de l'extrémité droite du corps de logis et traverse l'autre de biais, comme ceci, en se rapprochant de la grange vers l'arrière.

Je n'oublierai jamais la stupéfaction avec laquelle cet homme me regardait : il paraissait comme effrayé.

— Mais, Père, dit-il, est-ce que je ne rêve pas? C'est incroyable, merveilleux! Je dois vous avouer que deux sourciers de notre région ont déjà procédé à des recherches dans cette ferme. Tous deux ont signalé ces veines aux mêmes endroits et avec la même direction que vous. Vous n'avez pourtant pas vu ces messieurs ?

— Non, certes, j'ignore leur existence et je n'ai jamais mis le pied dans le village en question.

— La coïncidence est renversante. Je puis donc, mon révérend Père, me fier à eux ?

— Oui, je suis certain qu'il passe là deux veines suffisantes pour une petite ferme. Allez-y avec confiance.

11 janvier 1934.

Sur plan mal fait.

Hier matin, je rentrais d'une prospection quand je fus rejoint par un cycliste qui me dit :

— J'allais vous voir, Père, pour vous prier de venir m'indiquer l'emplacement pour un nouveau puits.

— Où habitez-vous ?

— A vingt minutes d'ici. Voyez-vous, là-haut, sur le flanc de la colline, la maison à façade blanche ? C'est là.

— Bien ; j'y serai demain, vers 15 heures.

Une fois dans ma chambre, l'idée me vint de voir, sur plan, s'il passait quelque veine dans le voisinage de cette maison. Mais je n'avais pas songé à l'observer. Il me souvenait seulement d'avoir vu, à l'extrémité gauche de la construction, une petite annexe qui descendait en avant. Quant à la longueur respective de ces deux constructions, je l'ignorais complètement.

Mais, précisément parce que je n'avais que des données fort vagues, j'inclinais à tenter un essai, qui pouvait me renseigner davantage sur les aptitudes de mon subconscient. Je représentai par une simple ligne de 10 centimètres la façade blanche entrevue et, par une autre ligne perpendiculaire un peu moins longue, la façade de l'annexe. Je ne crois pas avoir jamais prospecté sur un plan aussi incomplet ; deux lignes pour figurer deux bâtisses entrevues vaguement à deux kilomètres de distance !

Sur cette ébauche de plan je fis mes recherches : j'y trouvai un courant qui coupait à peu près en diagonale l'angle fait par les deux façades. Derrière celles-ci, une autre veine croisait la première à peu près à angle droit.

Or je viens de constater que ces données correspondaient parfaitement à la réalité. Et pourtant, j'eus la surprise, ce soir, en arrivant sur place, de remarquer que mon plan était encore plus mal fait que je ne l'avais cru, car les deux bâtiments, au lieu de se rejoindre, comme je l'avais supposé, étaient séparés par un espace de plusieurs mètres. Pour comble de malchance, une pluie diluvienne se mit à tomber,

menaçant de s'éterniser et me retenant prisonnier
devant le terrain à explorer. Pendant que nous
attendions la fin de l'averse, l'enfant de la maison
rentra gaiment avec un sac sur la tête en guise de
capuchon.

Cela me parut être une bonne aubaine ; ce gamin
allait me permettre d'explorer « visuellement »
le terrain situé en face, sans sortir de la maison. Je
lui donnai un itinéraire à parcourir dans le jardin,
de façon à repasser plusieurs fois sur les veines qui
pouvaient s'y rencontrer. Le petit, qui ne demandait
pas mieux que de courir impunément sous la pluie,
exécuta fidèlement sa consigne tandis que je l'obser-
vais de l'intérieur. A chaque fois que ma baguette
tournait en le regardant, je lui criais : halte ! et l'enfant
faisait là une marque sur le sol avec le pied.

Quand enfin la pluie eut cessé, nous nous rendîmes,
mes hôtes et moi sur place pour voir les marques faites
et nous pûmes constater qu'elles se trouvaient sur
une même ligne correspondant exactement à la
direction de la veine trouvée sur plan. C'est également
le passage répété de l'enfant sur l'autre veine qui
nous en indiqua de loin l'emplacement : celui-ci
correspondait exactement aux données du plan
rudimentaire.

L'essentiel, en ce genre de recherches semble
donc être, non que le plan soit juste dans tous ses
éléments, mais qu'*un au moins de ses éléments puisse
servir de base à tout le reste.* Dans le cas présent,
cet élément ferme doit avoir été la longueur de la
ligne représentant la façade, soit 10 centimètres,
et aussi sa direction, avec laquelle la veine, sur plan
comme sur place, fait un angle d'environ 40 degrés.

18 janvier 1934.

Avec l'abbé Bouly : en guise de « variété » (1).

Invité en même temps que l'abbé Bouly pour une recherche de veine d'eau au Collège de M., j'y arrivai ce matin, à 10 heures, comme il avait été convenu. L'abbé Bouly venait d'annoncer par dépêche qu'il ne pourrait arriver qu'à midi par suite d'une panne d'auto qu'il avait subie en quittant Calais.

— Ce retard, dis-je au Supérieur, ne me déplaît pas trop ; je pourrai ainsi préparer le travail et faciliter à M. Bouly lui-même ses recherches. Pourriez-vous m'apporter ou me crayonner un plan de votre Établissement ?

— Mais, mon cher Père, répondit le digne prêtre, vous n'aurez pas besoin de plan : je suis à vous pour vous conduire à travers le dédale de nos constructions.

— Le plan, Monsieur le Supérieur, n'est nullement destiné à me conduire, mais à voir si votre terrain renferme une bonne veine d'eau, qui mérite d'être exploitée. Vous dites que des forages n'ont rien donné, que des spécialistes de tous genres sont venus examiner les lieux et n'y ont rien trouvé qui vaille.

— Oui, mais en quoi le plan peut-il vous rendre service ?

— J'y verrai bien vite si le terrain cache quelque bonne veine...

— Comment ? Vous verrez cela sur le plan ?

— Parfaitement. C'est même le seul moyen vraiment pratique d'obtenir rapidement une indication utile ; vous le verrez.

_____

(1) Nous disons « Variété », parce que ce cas ne nous apporte aucune constatation nouvelle, sauf l'aptitude étrange de M. l'abbé Bouly.

Le brave supérieur n'en pouvait croire ses oreilles et doutait manifestement du bon état de mon cerveau.

Je lui vins en aide en lui disant :

— Je sais bien, Monsieur le Supérieur, que ce que je vous dis là paraît insensé. Je pensais comme vous jadis, mais laissez-moi faire ; vous jugerez après et vous verrez que l'esprit humain a plus de moyens d'action qu'on ne le croit.

Il m'apporta un plan encadré sous verre. Ce n'est pas l'idéal pour une recherche de ce genre, mais au bout de quelques minutes je dis avec une assurance qui le stupéfia :

— Ici, dans la « Cour des petits » — ce titre était sur le plan — il passe une bonne veine, qui la traverse comme ceci et qui s'infléchit ensuite vers la droite à partir de cet arbre.

Nous allâmes sur place et j'eus vite fait de délimiter — cette fois en présence de toute la communauté — le parcours de la veine.

J'en cherchai ensuite la profondeur : 14 mètres, auxquels il y a lieu d'ajouter l'épaisseur de l'argile bleue qui pourrait s'y rencontrer avant d'atteindre cette profondeur.

Quand arriva l'abbé Bouly, c'est naturellement vers la cour des petits qu'on le conduisit sans rien lui dire de mes recherches. Je l'accompagnai jusqu'à la porte qui donne sur cette cour ; et j'eus la surprise de lui entendre dire aussitôt, en montrant *de là* l'endroit où passait la veine que j'avais indiquée :

— Il y a là-bas une veine qui suit cette direction jusqu'à cet arbre, et s'infléchit ensuite vers la droite...

Le cher abbé voyait donc, *à l'œil nu*, le parcours de la veine ! Dire qu'il la sentait serait plus exact, car, comme il l'expliqua pendant le repas, il ne perçoit aucun phénomène lumineux, mais, par les yeux et sans qu'il sache dire comment, il est averti que la veine est là. Il doit y avoir chez lui un phénomène interne qui correspond au mouvement de la baguette qui se produit chez moi lorsque, de loin, j'observe le sol sous lequel passe un courant...

Pour ne pas troubler l'opérateur pendant ses recherches, j'en fis d'autres ailleurs, et plus d'une fois les professeurs vinrent me dire : « Il trouve exactement comme vous » — « Il compte, lui aussi, 14 mètres de profondeur!... »

Malgré nos indications concordantes, comme on traversa 9 mètres d'argile bleue, l'eau ne fut trouvée qu'à 23 mètres, ce qui est normal, l'épaisseur de la couche d'argile devant régulièrement s'ajouter à la profondeur indiquée par le sourcier.

15 février 1934.

Dans la bataille pour la téléradiesthésie.

Depuis cinq ans, je pratiquais la recherche sur plan sans en rien dire en public, sauf quelques mots dans ma conférence du 9 juin 1932, aux futurs prêtres de Bourg-Léopold (2). Mais des circonstances nouvelles m'ont déterminé à rompre le silence et à me lancer dans la bataille téléradiesthésique. Pourquoi ? Pour répondre à des attaques d'ignorants qui, dans certaine petite revue, accuse de supercherie et d'escroquerie ceux qui prospectent sur plan. Pour l'auteur du factum, qui évidemment n'entend rien à la chose, les téléradiesthésistes sont de vulgaires

(2) Voir p. 66.

escrocs qu'il ne faut pas hésiter à mettre à l'ombre du cachot. La belle assurance de l'ignorance !

Étant, par la force des choses, un peu plus que d'autres au courant de la matière et disposant d'une revue et de nombreux témoins pour confondre l'erreur et l'étourderie, pouvais-je laisser vilipender un groupe d'honnêtes gens qui ne demandent qu'à rendre service au prochain et que je suis en mesure de défendre ? Je ne l'ai pas cru.

Sans faire à ce monsieur l'honneur d'une mention ou d'une allusion quelconque, j'ai inséré dans le *Messager de saint Paul* de ce mois, un petit article ayant pour titre « Le vrai peut quelquefois n'être pas vraisemblable », dans lequel, après avoir rapporté certains faits radiesthésiques attribués au célèbre abbé Mermet, j'atteste avoir pratiqué moi-même efficacement la chose pendant des années, ayant passé du scepticisme le plus net sur ce point à la conviction la mieux établie, tout en ne m'inclinant que devant des réalités qui me crevaient les yeux. Je termine l'article en disant que ceux qui veulent en faire l'essai peuvent librement m'envoyer quelque plan à prospecter (1).

J'aurai certainement plus d'une bataille à soutenir, mais c'est pour la vérité, qui a droit à notre respect, et pour mes frères qu'on calomnie par ignorance ou par mauvaise foi.

19 août 1934.

Prospections plus lointaines.

Mon article du *Messager* de février sur la prospection à distance a fait sensation : J'ai reçu plusieurs

(1) Cf. *Messager de S. Paul*, année 1934, p. 49 (février).

plans à prospecter : l'un d'eux vient de la Sologne, un autre du Périgord...

Après examen des plans, je pus affirmer l'existence et indiquer le cours de bonnes veines dans les propriétés en question. On me demanda de part et d'autre de vouloir bien me rendre sur place pour indiquer avec précision les endroits où il fallait creuser pour trouver sûrement l'eau, et on me fit des propositions si engageantes que j'acceptai d'entreprendre ce voyage lointain. C'est de là que je rentre.

De part et d'autre, les veines se trouvaient bien aux endroits prévus. Je n'eus qu'à confirmer sur place ce que j'avais indiqué sur les plans et mes clients furent fort étonnés de la concordance entre les indications des plans et les mouvements de la baguette sur place. Cependant ils pouvaient se demander — car ce sont des intellectuels — si ce n'était pas ma mémoire qui aidait à cette concordance. Aussi attendent-ils qu'on y ait trouvé l'eau pour ajouter pleine foi à mes affirmations. C'est fort sage. La rareté de l'eau dans ces régions, surtout dans celle du Périgord, donnera du poids aux résultats si on trouve l'eau que j'ai annoncée.

26 mai 1936. (Nous rapprochons cette note de la précédente, à laquelle elle fait suite).

« C'est seulement le mois dernier, m'écrit-on du Périgord, que j'ai pu avoir les ouvriers pour le forage de mon puits. Ils viennent de terminer le travail à mon entière satisfaction. Vos indications ont été parfaitement exactes. A ma ferme, source très abondante à 18 mètres de profondeur... Ici, selon vos prévisions, le débit est moindre, mais encore suffisant pour les besoins de la maison et de mes métayers. Nous avons été émerveillés du résultat que vous obtenez sur un simple plan... » (I)

Ier *avril 1936.*

« Voilà qui est concluant! »

J'ai dîné aujourd'hui avec les professeurs du collège de R., dont plusieurs sont lecteurs du *Messager de saint Paul*, et j'ai constaté que rien ne les y intéresse autant que mes petites chroniques radiesthésiques.

Durant le repas, on m'entreprit sur ce sujet, fort gentiment du reste. Pour eux comme pour tous, ce qui intrigue par-dessus tout, c'est la recherche sur plan. Je m'offris à prospecter devant eux celui de leur collège, ce qui fut accepté avec enthousiasme. J'y découvris plusieurs veines et on me déclara que leur direction générale était bien celle qu'enseignait la géologie locale...

Le repas terminé, nous allâmes au jardin voir si certaines de ces veines y étaient. A un moment, l'Économe nous arrêta et me demanda si, dans l'allée où nous étions, je pourrais trouver quelque courant souterrain. Pour corser la chose, je demandai à un des professeurs de m'y aider en y avançant seul pendant que, de loin, je l'observerais des yeux, la baguette en position.

Quand il eut fait quelques pas, mon instrument se cabra.

(I) Quant au client de la forêt d'Orléans, il n'a jamais paru désireux de creuser un puits. J'ai l'impression qu'il désirait surtout me voir opérer sur place. Ce genre de curiosité n'est pas rare. Je n'ai jamais reçu les nouvelles promises en cas de forage, mais il faut savoir que l'abbé Paramelle dit quelque part que les gens de son pays, quand ils ont de l'eau, oublient 99 fois sur cent d'en avertir le sourcier.

— Halte, lui criai-je, je vous remercie : vous venez de me montrer où passe une bonne veine.

Tandis que le professeur, ébahi, me regardait comme pour me demander comment il m'avait rendu service, j'entendis quelqu'un, derrière moi, qui chuchotait : « C'est bien là! »

Et quelle en est la direction ? me demanda-t-on.

— La voici, dis-je après en avoir repéré plusieurs points.

— Pourriez-vous en déterminer la profondeur ?

— Oui, mais seulement « à l'argile près », l'épaisseur de cette matière, quand elle se rencontre, devant s'ajouter au chiffre de profondeur donné par le sourcier... Un, deux, trois... dix-sept mètres environ, dis-je pour finir.

— Voilà qui est concluant, s'écria l'un de ces messieurs, qui, une demi-heure auparavant, se montrait le plus incrédule. L'abbé Bouly est venu ici il y a quelques années. Il a trouvé, *au même endroit*, une veine ayant la *même direction* et qu'il mettait, lui *aussi, à 17 mètres* de profondeur!...

De cette visite de l'abbé Bouly au dit collège j'ignorais le premier mot.

27 août 1937.

Gare les plans trop petits.

J'ai observé maintes fois que le plan à prospecter ne doit être ni trop petit, ni trop nu, ni insuffisamment individué, sous peine, pour moi, de ne rien trouver ou de faire du mauvais travail.

Dans sa propriété de 20 à 25 hectares, un châtelain, ancien ministre du roi, aurait voulu que je trouve une source jaillissante. Je demandai un plan du terrain et on m'en apporta un, tout petit, à l'échelle d'environ un millimètre pour 2 mètres. C'est une échelle 20 fois plus réduite que celle à laquelle je suis habitué, car je ne puis donner de précisions un peu sûres que sur un plan au centième.

Le résultat de mes recherches sur ce petit plan fut curieux. On aurait dit que deux grandes veines se croisaient au centre, l'une courant de droite à gauche, l'autre d'avant en arrière... Sur place, où je me rendis ensuite, je ne trouvai rien de semblable, mais je rencontrai diverses veines plus ou moins espacées. On dirait que, sur un plan trop réduit, je reçois vers le milieu la résultante de l'influence de tous les courants traversés. J'ai cependant la ressource, en pareil cas, de subdiviser le plan en carrés ou en rectangles, et de prospecter chacun d'eux, surtout après l'avoir agrandi notablement.

Je dois procéder de même quand le plan est trop nu. S'il ne s'agit que d'un immeuble ne dépassant pas les dimensions d'une maison ordinaire, le tracé des murs de contour suffit. Mais si la surface est considérable et non bâtie, on doit y faire figurer soit les principales divisions, soit d'autres points de repère, comme des murs, des haies, des sentiers, des arbres, etc.

Il faut en outre, pour que le sourcier puisse travailler en toute sécurité, que la propriété soit assez nettement individuée pour qu'on ne puisse la confondre avec aucune autre. Quelque exact que soit un dessin représentant une maison rectangulaire ou carrée située le long d'une « rue », comme il y a des millions de maisons ayant cette forme et cette position, il faut donner des précisions réellement individuantes, par exemple : « Ma maison », « Maison de M. N. à X. »; ou encore tel numéro de telle rue

dans telle ville ; ou « Champ où M. N. se propose de
bâtir à X. ».

Bref, on donnera au radiesthésiste ce qu'il faut
pour qu'il ait affaire à *telle propriété déterminée
et non à toute propriété de forme semblable*

Le plus simple est de mettre l'adresse exacte de
l'immeuble : ce qui suffit à la poste suffit également
à mon subconscient (I).

25 janvier 1938.

Et les maladies sur photos !

Je me suis toujours refusé à faire de la radiesthésie
médicale, mais cela ne m'a pas empêché d'examiner
parfois un malade par curiosité, sans que cela porte
à conséquence, puisqu'il ne s'agissait que d'indiquer
les parties du corps qui me paraissaient souffrantes.
Je l'ai fait même parfois sur photo et voici un cas
qui vaut d'être raconté.

On m'écrit de notre collège de Gênes :

Mon très révérend Père, voici quelques lignes qui
contribueront peut-être à prouver le caractère
sérieux de l'art du sourcier. Il y a quelques années,
notre Père supérieur vous envoya une photo de
notre pauvre P. Maccio, qui vient de mourir. Après
avoir examiné cette photo avec votre détecteur,
vous avez déclaré que l'organisme était infecté par
une maladie de foie. Les médecins qui ont examiné
le Père pendant sa maladie pensaient à tout autre

(I) On verra plus loin que, pour un sourcier exceptionnellement
sensible et bien en forme, il y a possibilité de prospecter un carré ou
un rectangle quelconque représentant une maison quand il se dit :
« La maison à laquelle pensait celui qui l'a dessinée ». Mais est-il bien
certain que le dessinateur y pensait réellement ?

chose qu'au foie. Ce n'est que le dimanche, 12 décembre dernier, que le chef de clinique de l'Hôpital Galliera, après l'avoir minutieusement examiné, écarta tout autre mal pour ne retenir que l'affection du foie. Cet organe était décomposé et l'intoxication de l'organisme qui en résultait se trouvait par trop avancée. Il était trop tard. Le P. Maccio mourut le jour même, à 23 heures, l'affection du foie s'étant compliquée d'une pneumonie d'origine infectieuse...   P. A. C., b.

Quel dommage que les médecins de Gênes ne fussent pas sourciers! S'ils l'avaient été, ne fût-ce que comme certains de nos apprentis de douze ans, le mal ne leur eût pas échappé si longtemps et notre regretté confrère n'aurait pas été traité à tâtons (1).

1er juillet 1941.

Avec une simple lettre sous les yeux.

Ayant reçu, ces jours-ci, une lettre de M. L., de T., que je ne connaissais pas, j'en profitai pour étudier à nouveau les aptitudes de mon subconscient. Cette fois, je ne connaissais de mon correspondant que son nom et son adresse. Je n'avais jamais mis le pied dans la rue qu'il habite.

(1) Le P. Maccio traînait son mal depuis des années. Lorsque le P. Recteur du Collège de Gênes m'envoya sa photographie, plus de deux ans avant cette lettre, il me disait son regret de voir que les médecins n'arrivaient pas à découvrir la cause de son mal, et que la chose était d'autant plus regrettable qu'il s'agissait d'un sujet particulièrement brillant. Or il m'avait suffi de deux minutes d'examen de la photo pour déclarer qu'il n'avait qu'un seul organe malade, le foie. J'ai su, depuis, qu'on avait signalé à ces messieurs le diagnostic du sourcier et qu'ils l'avaient écarté avec dédain... Pourvu que la crainte d'être d'accord avec le sourcier ne les ait pas fourvoyés pour de bon!

Sa lettre me suffirait-elle pour me permettre de prospecter sa maison ? J'essayai.

Traçant une ligne-façade de cette maison inconnue avec une perpendiculaire à chaque bout pour figurer les pignons, j'en fis la prospection ; puis j'écrivis à l'intéressé : « Avec votre lettre comme « témoin », je viens d'examiner votre maison, et j'y trouve une veine assez forte, contre laquelle je vous mets en garde : elle part du mur de gauche, à une distance égale à peu près à la longueur de votre façade et de là se dirige vers la droite en obliquant vers l'arrière. J'irai, un jour ou l'autre, préciser sur place l'endroit où existe le danger ».

Or j'apprends que deux sourciers ont fait la vérification pour moi. Je viens en effet de rencontrer aujourd'hui M. le chanoine V., qui m'a dit : « J'ai été ces jours-ci chez M. L. Il m'a communiqué la lettre ahurissante que vous lui avez écrite concernant la veine d'eau qui traverse sa demeure. Cette veine, mon cher Père, je l'avais repérée avec mon pendule, de même que l'abbé P., dont vous connaissez la compétence comme sourcier. C'est stupéfiant ! Comment pouvez-vous prospecter une maison par le seul fait que vous tenez une lettre de son propriétaire ? »

— Comment, M. le Chanoine, je n'en sais rien ; mais les faits sont là, et ils sont très simples. Je les affirme sans crainte d'erreur, parce qu'ils sont constants et concordent régulièrement avec la réalité. J'y suis tellement habitué qu'ils me paraissent aussi naturels que l'exercice de n'importe quelle opération de mes sens...

15 juillet 1941.

Avec la lettre d'un autre — un faux — comme « témoin »!

C'est de plus en plus fort! On disait jusqu'ici que la connaissance paranormale ne pouvait se réaliser que moyennant un « témoin » appartenant à la personne dont il s'agit.

Or le fait suivant — que je ne cite que comme exemple, car il n'est pas seul de son espèce — paraît bien prouver que cette condition n'est pas strictement nécessaire et qu'il suffit que l'objet de la recherche soit bien individualisé par la volonté de l'opérateur.

Il y a peu de jours, je reçus de Ch. (Hainaut) une lettre signée Pierre Forty, cultivateur. Le rédacteur me priait d'aller prospecter sa ferme, en vue d'un puits à forer.

Avant de répondre, j'eus la curiosité de représenter par une ligne la façade du corps de logis de la ferme en question et de chercher s'il passait là ou à proximité une veine suffisante pour une ferme. A l'extrémité gauche de cette ligne-façade, je trouvai un fort courant, presque perpendiculaire à elle.

La lettre de demande me servait de témoin pour cette recherche. Or aujourd'hui, m'étant rendu sur place, je trouvai bien, à l'endroit prévu, la veine en question : elle suit exactement la direction indiquée sur le plan et son action est assez puissante pour rendre pénible et incertaine la marche d'un fort taureau dont la stalle est sur sa zone rayonnante.

Jusque là rien de nouveau : l'arthritisme qui atteint les animaux séjournant sur un courant un peu fort est chose connue. Mais ce qui est à noter, c'est que la lettre qui m'a servi de témoin n'est pas « authentique » : texte et signature sont d'un ami du fermier, qui l'a rédigée et signée au nom de celui-ci et en son absence !

Et cet ami dit « ma ferme » alors que ce n'est pas la sienne ; il signe d'un nom qui n'est pas le sien. Malgré tout, la veine fut trouvée à l'endroit, avec la direction et la force sentie sur le plan. Pourquoi et comment ?

Ce ne peut être que parce que mon subconscient met intelligemment les choses au point comme l'instinct le fait souvent dans son domaine, sans que j'y pense. Quand le rédacteur de la lettre écrit « ma ferme », il parle bien de la ferme à prospecter et à laquelle il pense, la ferme du cultivateur qui se sert de lui pour m'écrire. De même, quand il signe d'un nom qui n'est pas le sien, ce n'est pas vraiment lui qui signe : c'est encore le fermier qui se sert de lui. L'objet à prospecter est nettement individué par l'esprit du scripteur et cela suffit pour que mon subconscient ne s'y trompe point. *Domine Dominus noster, quam admirabile est nomen tuum !*

16 juin 1942.

Pour une maison à bâtir, dont on m'a parlé au téléphone.

Monsieur B. m'ayant demandé par téléphone si je pouvais aller aujourd'hui prospecter le terrain d'une maison à construire dans la forêt de Gaurain, j'y suis allé ce matin. J'avais, au préalable cherché par curiosité, sur plan-ligne, s'il y avait des chances de trouver un courant à proximité de l'endroit en question.

Mais je n'avais pour ce plan qu'une seule donnée :
« l'emplacement désigné pour cette maison *si un*
emplacement est déjà choisi ».

Avec cette donnée unique et « conditionnelle »,
je traçai une ligne-façade comme dans les cas qui
précèdent et je la prospectai. Rien sous la façade ;
mais sur sa gauche, à une distance un peu plus grande
que la moitié de la longueur de la façade, il passait
une veine forte, mais profonde, oblique par rapport
à la maison, dont elle s'éloignait vers l'arrière... Une
autre veine sensiblement moins forte, mais encore
suffisante, circulait derrière la maison future, à trois
fois la longueur de la façade. Tout cela sur plan.

Or ce matin, à mon arrivée sur place, on me montre
une clairière d'environ 15 mètres de côté ; c'est là
qu'on va bâtir. On m'indique de quel côté se trouvera
la façade, qui doit mesurer 10 m. 50 de longueur.

Je commence ma prospection sans confiance,
d'autant plus que les piquets n'étaient pas encore
placés pour fixer les extrémités de la façade. En
longeant celle-ci vers la gauche et en dépassant les
limites de la clairière, je rencontrai presque aussitôt
une forte veine qui suivait exactement la direction
trouvée sur le plan. Quand, en cherchant sa profondeur, j'eus déjà dépassé 30 mètres, on me demanda
de chercher autre chose sans me laisser compter
plus loin. Le taillis étant moins touffu derrière la
maison, je cherchai par là et ne tardai pas à trouver,
à environ 30 mètres de là, une veine dont j'évaluai
la profondeur à 15 mètres. C'était en tout conforme
aux indications du plan, si l'on peut donner ce nom de
plan à une simple ligne représentant l'emplacement
non encore bien fixé d'une maison à construire par
un propriétaire inconnu, avec cette donnée unique :
la maison dont M. B. m'a parlé au téléphone.

1ᵉʳ août 1942.

Épilogue de la recherche précédente.

Le mécanicien Br., qui fut chargé du forage du puits dont j'ai parlé le 16 juin, vient de me raconter ce qui suit : « Je venais, dit-il, d'atteindre l'eau 2 mètres au-dessous de la profondeur trouvée par vous (soit 17 m. au lieu de 15), quand le propriétaire arriva sur les lieux avec un savant géologue et un sourcier de renom. Tous trois prétendaient que vous faisiez erreur parce que l'eau, à cet endroit, ne pouvait se trouver à moins de 60 mètres de profondeur. Quand ils eurent fini de parler, je leur dis : « Mais, messieurs, puisque je viens de trouver de l'eau à la profondeur indiquée par le sourcier de Kain, ne conviendrait-il pas d'y mettre une pompe pour voir si la veine trouvée ne peut convenir ? » Cette proposition leur parut raisonnable. Je plaçai une pompe provisoire et le résultat fut excellent. L'eau venait en telle abondance qu'on arrêta le forage ainsi que les démonstrations « scientifiques ».

Une heureuse erreur.

En 1938, j'avais prospecté la ferme D., à A. et indiqué l'endroit qui me paraissait le meilleur pour le forage d'un puits. Mais pour des raisons particulières, M. D. attendit jusqu'aujourd'hui avant de faire le puits et, quand il s'y décida, il ne retrouva pas l'endroit indiqué. Un de ses voisins, élève du collège de la Paix, à Namur, lui suggéra, pour le tirer d'embarras, d'envoyer le plan de la ferme au Père Jésuite L., excellent radiesthésiste, qui, certainement, lui indiquerait une bonne veine.

Ainsi fut fait, et le P. L. indiqua un courant à proximité de l'endroit que j'avais fixé. Mais le fermier crut trouver un écart de 5 mètres entre ces indications et les miennes de 1938, données sur place. En toute franchise et simplicité, il me fit part de la chose et me demanda ce qu'il fallait penser de ces recherches sur plan.

Je prospectai à mon tour le plan annoté par le P. L. Une forte veine passait manifestement à l'endroit indiqué par le savant Jésuite. Je l'écrivis aussitôt au fermier, ajoutant que, si mes indications de 1938 ne concordaient pas avec les données du plan, c'est que je m'étais trompé dans mes recherches sur place.

Or le fermier, ayant examiné la chose de plus près après avoir reçu ma lettre, m'écrivit aussitôt qu'après vérification sur le terrain, il devait reconnaître que c'était lui qui s'était trompé, et que nos constatations, à tous deux, sur plan, correspondaient exactement à l'emplacement trouvé par moi en 1938.

DEUXIÈME PARTIE

**Conclusions et Observations diverses
Essai d'explication.**

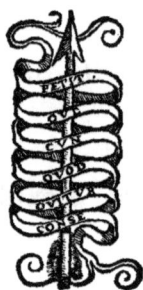

PREMIÈRE SECTION

CONCLUSIONS ET OBSERVATIONS DIVERSES

I

POUR RÉPONDRE A LA QUESTION QUE POSE CET OPUSCULE

La téléradiesthésie est-elle une vaste blague ou une réalité bienfaisante! — Ce que nous avons dit jusqu'ici peut suffire, croyons-nous, pour prouver le caractère sérieux et objectif de la téléradiesthésie : elle n'est ni une illusion, ni une apparence à peine contrôlable, ni un tour de force pénible, mais une réalité, qui ne tarde pas à crever les yeux de celui qui veut bien l'examiner de près, et une réalité aussi simple que l'exercice de n'importe laquelle de nos facultés naturelles.

Si nous ne parlons dans cet ouvrage que de nos recherches personnelles en matière de courants souterrains, c'est parce qu'elles constituent notre spécialité, et que notre but n'est nullement d'écrire un traité de téléradiesthésie, mais d'apporter une petite pierre à l'édifice de la science nouvelle et, si possible, une pierre de bon aloi.

Que de merveilles nous pourrions raconter si nous voulions redire ce qu'ont fait des « as » comme l'abbé Mermet, M. Treyve et d'autres téléprospecteurs de marque! Recherches de trésors, de maladies, d'objets perdus, de personnes disparues, d'influences nocives diverses, etc..., ils ont abordé tous ces domaines avec succès, avec brio, rendant ainsi de multiples services, non seulement à ceux qui recouraient à eux, mais encore à la science, qui s'édifie sur des faits, et au spiritualisme, qu'elle étaye de preuves nouvelles en montrant que l'âme possède des pouvoirs qui dépassent de loin les limites qu'elle semble tenir des sens.

Quant à la fécondité de la téléradiesthésie et à son utilité, plus d'un fait exposé ci-dessus l'a déjà fait comprendre, notamment ceux qui racontent des prospections faites à de très grandes distances. Pourtant ce n'est peut-être pas là ce qui constitue le plus grand mérite de la téléradiesthésie. Ce mérite se trouve plutôt dans le fait que, tous les jours, elle nous met en mesure de venir en aide à des personnes habitant non seulement des pays lointains, mais même à nos voisins, comme le prouveront les faits que nous allons raconter tantôt.

Pour que ces faits prennent toute leur valeur, nous prions le lecteur de considérer les différentes séries de propositions que voici :

Tout d'abord, en téléradiesthésie, la distance n'est rien. Il n'est pas plus difficile, par exemple, de découvrir les courants qui passent sous la Maison Blanche de Washington ou sous le palais du Mikado, au Japon, pourvu que j'en aie le plan fait à l'échelle, que de prospecter ma propre chambre ou celle de mon voisin. Ceci n'est pas une hypothèse, mais un fait mille fois constaté.

Qu'on songe *ensuite* aux vérités suivantes :

1º Une très grosse part des maladies qui désolent l'humanité, peut-être même la plus grosse part, a pour cause les courants souterrains passant sous le lit du patient, sous le bureau ou la cuisine où il séjourne des heures chaque jour. C'est ce que nous avons montré dans nos « Veines qui tuent » (1).

2º Les infirmités les plus redoutables (cancer, fibromes, asthme, eczémas, rhumatismes, etc.) trouvent sur les veines d'eau un terrain particulièrement favorable à leurs ravages. Certaines d'entre elles, notamment le cancer, l'asthme infantile, la croûte de lait (gourme des bébés) naissent aussi régulièrement sur ce terrain que les moustiques dans l'eau.

3º Sur de pareils courants, les maux les plus légers par nature deviennent souvent opiniâtres, sinon incurables, et les médicaments les plus nettement indiqués restent généralement inopérants.

4º La foudre tombe toujours sur un courant souterrain, et un paratonnerre n'a d'efficacité que s'il se trouve sur la zone qui surplombe ce courant.

5º La zone en question, sur laquelle s'exercent tous les ravages dont nous venons de parler, est une bande de 2 à 5 mètres de largeur, que le radiesthésiste est, pour le moment, encore seul à pouvoir délimiter.

Tout ceci est prouvé, non seulement par nos expériences personnelles, mais encore par celles, très concluantes, qui ont été faites récemment en France, en Allemagne et ailleurs.

En troisième lieu, on est prié de considérer ce qui suit :

1º Les propriétaires, y compris les États et les grandes associations, bâtissent trop souvent sur des terrains entièrement ou partiellement malsains ;

(1) Voir, comme preuve de tout ceci, ce que nous avons écrit dans *Les veines qui tuent,* ainsi que dans nos ouvrages sur la foudre (p. 4).

2º En bâtissant, suivant les indications d'un radies-thésiste, soit un peu plus à droite ou à gauche, soit un peu plus en avant ou en arrière, on peut éviter de faire le malheur de ceux qui vont habiter l'immeuble.

3º Même quand déjà l'immeuble est mal placé, on peut souvent, quand on est averti, aménager les choses de telle sorte que personne ne doive séjourner longtemps aux endroits dangereux.

4º Souvent il suffit, pour échapper aux radiations nocives, de changer de place un lit ou un bureau ou de se tenir de préférence dans telle partie de la pièce irradiée.

Quand on sait tout cela et que, d'autre part, on songe que le téléradiesthésiste, fût-il à des lieues, à des milliers de lieues de l'immeuble, est en état de prévenir le mal ou d'y porter remède, soit en examinant le terrain sur plan, soit en y indiquant les zones à éviter, comment ne pas reconnaître le caractère utile et bienfaisant de ce procédé de recherche ?

QUELQUES AUTRES FAITS DÉMONTRANT CETTE UTILITÉ

Mais le lecteur nous en voudrait de ne pas relater ici au moins quelques faits à l'appui de notre assertion concernant l'utilité de la téléradiesthésie. Donnons-en quelques-uns parmi les cas innombrables que nous pourrions citer. Ils feront voir cette utilité à différents points de vue.

a) Économie de temps et d'argent ?

L'usine T. à L. souffre de pénurie d'eau. Pour être tout à fait tranquille, il lui faudrait un nouveau puits qui lui donne 20.000 litres d'eau par heure. Elle me demande si je puis lui assurer une source de cette importance sur son terrain, qui mesure bien trois hectares. Je lui réponds que je ne puis rien promettre sans connaître le sous-sol par l'examen du plan, et je prie la direction de me l'envoyer. Sur ce plan, je constate l'existence d'une veine abondante et j'annonce mon arrivée sur place avec la certitude de ne pas faire un voyage sans résultat. Quelques semaines plus tard, le forage était terminé et l'usine avait ses 20.000 litres-heure bien comptés. Je n'aime à voyager que quand je suis sûr de ne pas perdre mon temps ni l'argent du client qui me demande.

b) La foudre.

I. M. G. a peine à croire aux sourciers, surtout aux recherches sur plan, et il estime avoir trouvé le moyen de me mettre sérieusement à l'épreuve. Il me présente le plan d'une fabrique incendiée par la foudre, car il sait que celle-ci ne tombe que sur un courant souterrain :

— Vous serait-il possible, Père, me demande-t-il, de trouver l'endroit de cette fabrique où la foudre est tombée ? Toute cette aile a été détruite l'été dernier.

C'était une fabrique dont j'ignorais jusque là l'existence.

— Un moment, dis-je, il faut que je voie la direction de la veine qui a attiré la foudre, car si cette veine parcourait la construction d'un bout à l'autre, la foudre pourrait aussi y tomber d'un bout à l'autre.

Mais il n'en était rien : une seule veine traversait le bâtiment d'avant en arrière. Je n'eus donc pas de longues recherches à faire pour répondre, en montrant la zone irradiée par la veine :

— Ce ne peut être que sur cette petite zone.

— Vous avez raison, Père; c'est exactement là. La téléradiesthésie est une chose aussi épatante que curieuse.

2. La foudre a détruit une maison pendant un orage. Mais ses occupants sont suspects à la société d'assurance, qui les juge capables d'avoir provoqué volontairement le sinistre. Cependant la direction, qui ne voudrait pas accuser des gens peut-être innocents, sachant que la téléradiesthésie peut fournir un élément de plus à son jugement, m'envoie le plan de la maison incendiée et me demande si le sous-sol en est traversé par une forte veine, car elle n'ignore pas l'action capitale des courants sur le point de chute de la foudre. S'il n'y passe pas de veine, la foudre n'y saurait tomber et, dès lors, ses contestations seront légitimes...

Mais tel n'est pas le cas cette fois, et, après prospection du plan, je lui réponds qu'une forte veine traverse la maison de part en part, juste sous la cheminée, ce qui constitue un danger sérieux quand l'orage passe à une faible distance de là.

On a indemnisé les sinistrés.

c) La prospection sur plan corrige l'autre prospection.

Me trouvant, un soir d'hiver (1944), dans une ferme, à M., je fus invité à prospecter le corps de logis et y trouvai une forte ligne de résistance, passant sous tous les lits des habitants. Je la pris pour la première rive d'une veine et supposai que l'autre rive était derrière le mur auquel les lits étaient adossés. Il faisait trop noir et trop froid pour aller voir et je ne songeai pas à prospecter la maison sur plan.

Comme toute la famille se portait bien, j'en avais conclu que la veine était de celles, plutôt rares, qui ne font pas de tort appréciable. Cependant le cas m'intriguait : qu'il n'y eût pas un malade sur un si fort courant, c'était une exception.

Aussi, arrivé dans ma chambre, à Kain, je fis un plan rudimentaire de la ferme, afin de voir où passait la seconde rive. Il n'y en avait pas. Ce que j'avais pris pour la première rive était simplement la parallèle de 45º d'une veine qui passait à quelque 12 mètres de là, parallèlement au corps de logis. Si j'avais dès l'abord cherché sur plan, cette erreur ne se serait pas produite.

Pour tranquilliser ces braves gens, je m'empressai de leur écrire que, la chose bien examinée, je pouvais les assurer que la veine que je leur avais signalée ne présentait pas le moindre danger pour eux.

Quand je repassai par ce village, j'allai voir de près comment se comportait la veine en question. Elle passait simplement dans un jardin et un pâturage, où il n'y avait apparemment rien à endommager. Mais le fermier m'ayant manifesté le désir d'y forer un puits, je délimitai son cours : elle passait sous toute une rangée de saules, dont plusieurs étaient manquants.

— Eh bien, dit le fermier, la foudre tombe souvent sur ces saules.

— Cela prouve que la veine est forte, répondis-je, et qu'il ne faut pas s'étonner que sa parallèle de profondeur ait fait tourner si vigoureusement mon pendule l'autre jour dans vos chambres. L'erreur a pu être corrigée grâce à la téléradiesthésie.

d) Reconstruction.

Avant de reconstruire sa maison, que les bombes ont détruite de fond en comble, M. H. voudrait en faire prospecter le sous-sol pour ne pas s'exposer à la maladie. Mais il lui répugne d'aller se promener sur les ruines avec un sourcier, devant les nombreux passants qui n'y comprendraient rien. Aussi est-ce avec autant de plaisir que de surprise qu'il a appris que la prospection peut se faire sur plan.

Il est venu ce matin m'apporter celui de son terrain, et, comme il y passe un courant qui, heureusement n'en irradie qu'une partie, il aménagera les choses de telle sorte que ni les chambres à coucher, ni la cuisine ni les bureaux ne se trouvent exposés aux radiations nocives. Il échappera ainsi aux ennuis qu'il a eu dans son ancienne maison, assez mal située.

e) Maladies.

1. Monsieur F., de M., profite d'un voyage dans le Tournaisis pour venir me soumettre le plan de son vaste Établissement. J'y trouve une forte veine, dont je délimite les rives de rayonnement nocif. Quand c'est fini, il me dit :

— C'est vraiment frappant. Cette veine prend sous son action un de nos bureaux où se passent des choses inquiétantes. Un de nos employés, qui s'était montré solide comme un chêne tant qu'il avait occupé le bureau d'à côté, où la veine ne passe pas, a commencé à décliner de façon frappante à partir du jour où il a pris possession de ce nouveau bureau, pourtant bien gentil et bien commode, que vous dites irradié. Il a fini par mourir, sans que les médecins aient bien compris son cas et sans que nous songions au sous-sol. Ce qui nous inquiète, c'est que son successeur, depuis qu'il est là, présente les mêmes symptômes, et c'est ce qui nous a fait penser que le sous-sol pourrait bien être en cause.

— Vous avez raison : une veine de cette force ne saurait que faire tort à ceux qu'elle irradie, des heures durant, chaque jour.

— Aussi, me dit cet excellent patron, je vais m'empresser de supprimer ce bureau, et de l'installer ailleurs.

Sans la téléradiesthésie l'employé, et peut-être bien d'autres après lui, y auraient sans doute perdu la santé et peut-être la vie sans qu'on sache pourquoi...

2. Monsieur F., de passage dans nos régions, se plaint de fatigues continuelles et d'eczéma opiniâtre, que les médicaments n'arrivent pas à supprimer. Il se trompe d'adresse en me demandant de le guérir, car je ne fais jamais de médecine, mais je lui dit de faire un croquis de la maison qu'il occupe. Dans cette maison je trouve une méchante veine qui traverse la chambre de devant, et M. F de constater :

— Mon lit est ici, au milieu ; par conséquent, je suis exactement sur la rive de cette veine, qui a l'air de me couper le corps en deux. Est-ce dangereux ?

— Oui, c'est un des endroits les plus dangereux. Insomnies, rhumatismes, eczémas s'y rencontrent souvent.

— Insomnies, eczéma, c'est mon cas. Voyez ces plaies eczémateuses. Quant à mon sommeil, il est piteux...

3. L'abbé D., curé d'une paroisse lointaine, voudrait savoir si son presbytère actuel est sain. Il est tout heureux d'apprendre par un confrère qu'il lui suffit

de nous envoyer le plan de sa maison pour qu'elle puisse être prospectée.

« Je n'ai pas de raison de la croire malsaine, nous écrit-il, mais peut-on jamais savoir ? Je serai plus tranquille après... »

Dans ma réponse, je le mets en garde contre une des pièces qu'irradie une forte veine. C'est celle où il a son lit et où dormaient ses prédécesseurs. Quelques jours plus tard, il m'écrivit qu'après avoir fait une petite enquête sur le passé, il a appris que deux de ses prédécesseurs qui dormaient là étaient morts du cancer.

4. Madame S., de B., est de plus en plus souffrante depuis qu'elle occupe sa maison actuelle. Comme elle est au courant des dangers que présentent les veines d'eau, elle voudrait faire prospecter le sous-sol, mais son mari s'y oppose énergiquement, car il a été abonné à un journal qui avait voué une haine étrange aux sourciers, et il prend ceux-ci pour de vulgaires charlatans.

Mais Madame S. n'a pas envie de se laisser dépérir par respect pour les préjugés de son mari ; cependant elle voudrait garder la paix du ménage. Grâce à la téléradiesthésie, elle s'en tire sans difficulté, car une de ses amies nous transmet le plan de la maison en question. Le lit de la malade est sur un fort courant. Mais elle ne peut le dire à son époux, car, vous le comprenez, ce serait déchoir de sa dignité que de prendre une mesure quelconque sur les indications d'un charlatan. Plutôt mettre sa femme dans un hôpital ! Aussi madame contourne-t-elle la difficulté en justifiant un changement de place de son lit par un motif que monsieur taxe de caprice, mais devant lequel il s'incline ...sans déchoir.

f) Avant de changer de demeure.

I. Madame D. m'apporte le plan de sa maison et me prie de voir si tout y est en ordre. J'y trouve une veine dangereuse, qui traverse les deux pièces principales et ne laisse intacte que la moitié de l'habitation.

— Notre petit garçon est en plein dessus, dit-elle; cela pourrait-il expliquer la diarrhée dont il souffre depuis qu'il est là ?

— Parfaitement. Changez-le de place pour voir.

Quelques semaines plus tard, elle revient avec un autre plan : celui d'une maison qu'elle songe à louer, mais non sans l'avoir fait prospecter.

— Car, dit-elle, dès le lendemain du jour où j'ai changé de place le lit de l'enfant, celui-ci fut complètement débarrassé de sa diarrhée.

— Quel âge a-t-il ?

— Dix mois.

— Ce n'est donc pas la suggestion qui l'a guéri.

— Non, évidemment. Aussi suis-je décidée à louer cette autre maison, si vous la trouvez saine.

— Elle l'est, Madame, dis-je après une courte prospection.

Elle partit heureuse et rassurée.

2. Monsieur C. allait acheter une maison qui lui convenait, disait-il, à tout point de vue.

— Es-tu certain, lui dit un ami, qu'elle te convient au point de vue santé ?

Mis en éveil par cette question et renseigné par son ami, il vient nous apporter le plan, car il a des raisons spéciales pour ne pas conduire le sourcier sur place. J'examine le plan. C'est heureux pour lui, car la maison est traversée par deux courants assez forts et des personnes sûres lui ont dit, quelques jours plus tard, qu'on y a enregistré un cancer et plusieurs morts précoces.

3. L'abbé V., curé de N., a pitié d'une famille de ses paroissiens, étrangement éprouvée par la maladie, qui y revêt les formes les plus diverses, cancers, névroses, rhumatisme, colites, gastralgie, que sais-je encore ? Il se risque à parler des veines d'eau et des sourciers au médecin de la famille, qui se contente d'en rire : « Si vous croyez ces balivernes ! »

Connaissant son homme, le bon curé ne discute pas. Il observe attentivement les dimensions de la maison et m'en envoie le plan, sans rien en dire, même aux interessés. Quand je le lui ai retourné, il m'écrit : « Voilà bien la cause du mal : La cuisine et deux lits sont sur le fort courant que vous y découvrez. Or c'est sur cette zone que se sont toujours trouvés les malades. J'espère bien convaincre le docteur ».

Il a mieux fait : il a conseillé lui-même les changements qui s'imposaient et la malheureuse famille l'a écouté pour son plus grand bien, à elle.

g) Jusque des Missions du Brésil.

1. Le centre de nos missions du Guamà, à Bragança, situé presque sur l'équateur, au nord du Brésil, devait chercher au dehors toute l'eau nécessaire aux différents besoins de la communauté, y compris la douche et le bain, qui jouent, en cette région torride, un rôle capital. Le supérieur m'en fit envoyer le plan ; je le prospectai et y trouvai une eau bonne et abondante, à environ 10 mètres de profondeur.

Le 24 janvier 1938, je reçus de Bragança une lettre où l'on me disait : « Je dois vous remercier aujourd'hui pour deux choses : d'abord pour l'envoi de

« Vivez donc en paix », qui rendra ici de grands services. Ensuite, pour la faveur que vous nous avez faite de nous indiquer sur plan l'endroit précis où nous pourrions creuser un puits avec succès. Le travail est terminé et nous avons, en effet, une bonne eau trouvée à environ 10 mètres de profondeur. Aussi, comme je viens d'être nommé à Vizeu, je me permettrai, une fois là-bas, de vous envoyer aussi le plan de cette maison, où l'eau potable fait également défaut ».

Le plan nous fut expédié. Je le renvoyai prospecté à Vizeu, mais la guerre est arrivée et, en mars 1945, nous sommes toujours sans réponse...

2. Plus heureusement située que la mission de Vizeu, notre maison de Jacarépaguà a pu, en 1941, nous faire parvenir des nouvelles par l'intermédiaire du Père Général. Cette maison importante, centre d'une vaste paroisse et à laquelle est annexée l'École apostolique et le noviciat brésiliens, m'avait aussi envoyé le plan de son terrain, parce que l'eau lui manquait. Sur ce plan je signalai un endroit où mon pendule tournait avec vigueur et où j'annonçai l'existence d'une source abondante. Voici la lettre que j'en reçus le 1er novembre 1941 : « ...Ici d'ailleurs un fait toujours présent nous empêche de vous oublier ; c'est notre fameux puits. C'est vous qui, de si loin, nous avez donné de l'eau en abondance. Nous avons en effet creusé d'après vos indications, et tout ce que vous aviez annoncé s'est réalisé comme vous l'avez dit... Quelle grosse épine vous nous avez tirée du doigt... et pour toujours ! Dieu en soit loué ».

Oui, vraiment, Dieu soit loué d'avoir donné à ses petites créatures des dons si utiles. A mesure que passent les siècles, son œuvre se révèle plus admirable et ce n'est qu'un peu à la fois que nous apprenons à la mieux connaître.

Bref, et pour tout résumer en peu de mots, en ce qui concerne les services que peut rendre la téléradiesthésie, disons qu'outre la possibilité de porter ses investigations souterraines jusqu'aux extrémités du globe, il se présente journellement des cas où elle est en mesure de venir en aide aux individus et aux groupements, aux petits et aux grands, aux connus et aux inconnus.

Un père de famille, une maman veut savoir si la maladie d'un des siens ne provient pas d'un courant souterrain; un particulier, avant de louer une maison veut savoir s'il n'expose pas sa famille à des radiations dangereuses; un autre songe à acheter un terrain, mais il ignore si on y trouvera de l'eau; un propriétaire veut savoir si et où il doit mettre un paratonnerre sur un immeuble; une compagnie d'assurance veut être certaine que la foudre *a pu* tomber sur une construction incendiée pendant un orage; un sourcier local a indiqué un endroit pour le forage d'un puits, mais les intéressés doutent de ses aptitudes et voudraient une assurance de plus... Dans tous ces cas, et en bien d'autres, qui sont parfois embarrassants, il n'est pas toujours possible ni prudent de recourir à un homme de l'endroit, si tant est qu'on en connaisse un; mais si l'on a l'adresse d'un bon téléradiesthésiste, on peut utilement lui envoyer le plan de l'immeuble pour savoir à quoi s'en tenir ou du moins pour avoir un complément d'information.

Le plan à envoyer peut être tout à fait rudimentaire. Chacun peut le dresser lui-même pour peu qu'il sache manier le mètre et la plume ou le crayon. L'essentiel est que les mesures soient bien prises. Nous préférons l'échelle du centimètre pour mètre. S'il s'agit d'une construction existante, les murs peuvent être indiqués par de simples lignes. On indiquera en outre le côté de la rue ou de la façade.

S'il y a un terrain à prospecter, on y fera figurer les objets pouvant servir de points de repère, tels que constructions, sentiers, arbres ou haies. Cela suffit.

II

DES ANORMAUX, LES RADIESTHÉSISTES?

Certains, soit pour déconsidérer les radiesthésistes, soit pour se « justifier » de n'avoir pas le « don », affublent volontiers les sourciers de l'épithète d'anormaux. Ont-ils tort ? Ont-ils raison ?

Cela dépend, évidemment, de ce que l'on entend par un anormal. Norma veut dire règle, et on peut appeler anormaux ceux dont les qualités et les aptitudes sortent de l'ordinaire qui est la règle. Et, puisque la majorité des hommes est plus ou moins bébête — c'est la sainte Écriture qui le dit en affirmant que « le nombre des imbéciles est infini » (1) — tous les génies, les Platon, les Augustin, les Mozart, les Pasteur, les enfants prodiges même, seraient des anormaux, puisqu'ils sortent de la normalité, qui est d'être comme tout le monde. Mais ce n'est pas ce sens qu'on veut donner au mot anormal quand nos ennemis l'appliquent aux radiesthésistes. On lui donne le sens péjoratif qu'il a dans le langage commun,

(1) Ecclé, I, 15.

quand on parle, par exemple, d'enfants anormaux.

Or cela, on n'a pas le droit de le faire, pas plus qu'on n'a le droit de proclamer anormaux tous les premiers de classe, car, en réalité, les sourciers et radiesthésistes ne sont que des sujets doués, à un degré spécial, d'une aptitude commune à un très grand nombre d'hommes.

Et ces hommes, les sourciers, nous l'avons observé attentivement, ne sont en rien inférieurs aux autres. L'expérience nous apprend que ce sont plutôt des natures de choix. Parmi nos élèves, ce sont d'ordinaire les mieux bâtis, les mieux doués au point de vue de la volonté, les plus intelligents, qui manient baguette et pendule. Cela ne veut pas dire, évidemment, que tout sujet bien doué soit sourcier-né : le don du sourcier ne doit pas se confondre avec l'intelligence ; il dépend d'autre chose qu'on n'a pas encore pu identifier : glande, bulbe, structure du cerveau ou du système nerveux ? On ne sait.

Plus d'un écrivain compétent en la matière affirme qu'on ne saurait être bon radiesthésiste si l'on n'est doué d'une force de volonté supérieure au commun. Nous le croyons sans peine et nous l'avons constaté maintes fois : non seulement il faut du courage pour vaincre les difficultés inhérentes à l'art de la baguette, qui demande de la constance, du discernement et de la prudence ; mais il en faut aussi, et peut-être plus encore, pour braver les sourires et les railleries qui, dans nos pays, vont naturellement à tout ce qui sort de l'ordinaire.

Une chose est certaine, c'est que, s'il y a d'excellents radiesthésistes dans les rangs des ingénieurs, des médecins, des littérateurs, des professeurs d'Universités et des chefs d'État, on n'en trouve point, que nous sachions, dans les rangs des cancres et des imbéciles, et nous n'avons jamais, pour notre part, vu réussir les sujets qui, n'arrivant à rien dans une autre branche, espéraient trouver leur chemin dans la radiesthésie. Non, cette science n'est pas le refuge des anormaux et des ratés. Et nous avons l'impression que nos aïeux des siècles passés avaient raison quand ils qualifiaient les sourciers de « bien-doués » et de « mains-heureuses ».

III

LA TÉLÉRADIESTHÉSIE EST-ELLE ACCESSIBLE A BEAUCOUP DE PERSONNES ?

Non. C'est un don plutôt rare et même très rare.

La radiesthésie ordinaire elle-même ne saurait devenir l'apanage du grand nombre, car, s'il est vrai que le détecteur peut tourner dans beaucoup de mains, il faut avouer que ces « mains-heureuses » manquent souvent de l'une ou l'autre des qualités requises pour réussir.

Quand à la téléradiesthésie, nous sommes convaincu qu'il y faut un de ces dons très rares qui s'apparentent à la métagnomie (1).

Le don du radiesthésiste est le plus souvent intermittent. Chez la plupart il ne fonctionne que de temps à autre, ce qui donne lieu à des erreurs (2).

---

(1) On appelle ainsi la faculté de connaître certaines choses sans les avoir apprises par les moyens ordinaires (expérience ou étude). Ces connaissances, dites *paranormales*, comme les pressentiments, la télépathie, l'hypnotisme, la voyance ou double vue, pour être extraordinaires, n'en relèvent pas moins d'une aptitude humaine, comme le génie, la virtuosité ou la faculté, plus rare encore, de voir à travers le sol.

(2) C'est cela certainement qui a induit M. Charloteaux à écrire, dans son manuel de radiesthésie physique, que personne, pas même

Il y a néanmoins des téléradiesthésistes cent pour cent, dont les prospections sur plan ne sont pas moins sûres — au contraire — que celles qui se font sur place. Mais leur nombre est fort restreint : un des participants assidus des grands congrès internationaux de radiesthésie affirme qu'on n'en compte que 2 en Belgique et pas plus de 5 en France. Mais est-ce bien certain ?

Ce qui n'est pas douteux, c'est que leur nombre serait bien plus considérable si chacun avait l'occasion de faire à l'aise les essais et les expériences néces-saires, sous la conduite d'un sourcier expérimenté en la matière, et surtout si cette occasion était donnée à toute la petite jeunesse.

Pourtant l'auteur de ces lignes doit avouer que, sur des centaines d'élèves qu'il a essayés sous ce rapport, il n'en est pas un qui ait ce don en perma-nence. Ce qui n'empêche pas les autres de réussir, en divers domaines radiesthésiques, aussi bien et même mieux que des téléradiesthésistes de marque. Une compétence exceptionnelle dans une branche de la radiesthésie n'implique nullement une compé-tence semblable dans les autres branches. Nous connaissons des élèves qui, en matière de recherches de métaux, par exemple, sont bien plus forts que leur maître téléradiesthésiste, mais qui sont inaptes aux recherches sur plan.

Nous croyons devoir mettre ici les jeunes radies-thésistes en garde contre la prétention de réussir à tout coup des recherches sur plan, parce qu'ils y ont réussi une ou deux fois. Une très grande prudence

les « as » de la téléradiesthésie, n'obtient plus de 25 % de réussites, contre 75 % d'échecs ! Cette affirmation est erronée, sauf peut-être en ce qui concerne la recherche d'objets perdus ou de métaux, mais non en matière de courants souterrains ni même en matière de maladies.

est indispensable en cette matière, si l'on ne veut pas aller au-devant d'échecs qui compromettent non seulement l'opérateur, mais la science radiesthésique elle-même; car le public n'est pas en état de discerner les sujets sérieux des autres. Nous connaissons un téléradiesthésiste qui n'a affirmé ses aptitudes sur ce point qu'après cinq ans de pratique silencieuse, durant lesquels il avait fait creuser plusieurs centaines de puits sur des veines trouvées d'après cette méthode de recherche.

Ce ne sont pas nos *affirmations* qui feront le succès de la radiesthésie et convaincront le public; ce sont *nos actes*, c'est-à-dire la constance de nos réussites. Or pour pouvoir affirmer cette constance, on doit avoir à son actif un grand nombre de faits et beaucoup de témoins pour les attester.

Nous estimons que pour pouvoir pratiquer couramment la téléradiesthésie, il faut être sûr d'obtenir au moins 80 % de réussites; ce qui ne veut pas dire qu'on manque d'aptitudes si l'on trouve moins souvent.

La téléradiesthésie n'en existe pas moins parce qu'il y a peu de sujets aptes à la pratiquer. Un fait est un fait, même s'il est rare; il le serait encore s'il était unique.

IV

UNE MÉTHODE DE RECHERCHE TÉLÉRADIESTHÉSIQUE

La téléradiesthésie, en vérité, ne s'enseigne pas, puisqu'elle est un don naturel. Mais la découverte de ce don peut dépendre d'un essai, dont le succès peut, à son tour, dépendre de la méthode employée. Et comme notre méthode donne de bons résultats, nous allons exposer brièvement comment nous procédons. Cela pourra peut-être servir pour les essais de l'un ou l'autre candidat.

Cette méthode est très simple : elle consiste, en somme, à promener le pendule sur le plan dans les différents sens où le sourcier se promènerait dans une recherche sur place, avec le désir que l'instrument se mette à tourner lorsqu'il rencontre un courant.

Voici comment nous cherchons successivement 1o s'il y a une veine; 2o quelle en est la direction; 3o quelles sont les limites de son rayonnement nocif; 4o sa profondeur et son débit approximatifs.

a. **Y a-t-il une veine?**

Debout ou assis devant le plan, je tiens le pendule de la main droite, bien à l'aise, à la hauteur et du côté qui me conviennent le mieux, tandis qu'avec l'index de la main gauche ou avec une pointe émoussée quelconque, je glisse lentement sur le plan, d'abord de droite à gauche, puis de haut en bas (ou d'avant en arrière) avec le désir que le pendule se mette à tourner si mon indicateur rencontre une veine, car c'est en traversant la veine, non en le longeant, que le mouvement se produit. Résultat constant : Quand mon index ou la pointe approche d'un courant, le pendule se met en mouvement et gire de plus en plus fort jusqu'à la verticale de la veine. Celle-ci dépassée, il s'arrête brusquement.

b. **Quelle est la direction du courant trouvé?**

Deux méthodes pour le savoir :
Première méthode. — Au-dessus de l'endroit où

mon pendule a giré le plus fort, je le balance franche-
ment dans un sens quelconque. Presque aussitôt il
se met à *osciller dans le sens du courant* et son
mouvement y acquiert une vivacité caractéristique (1).

Deuxième méthode. — Tenant court mon pendule
— 3 centimètres de fil — je le promène lui-même sur
le plan, à environ un centimètre du papier, avec le
désir qu'une giration se produise à la rencontre du
courant. Un premier point ainsi trouvé, je ramène
mon pendule en arrière pour chercher un autre point
de la rive un peu plus à droite ou un peu plus à gauche.
Les différents points trouvés m'indiquent la direction
de la veine.

c. **Quelles sont les limites du rayonnement nocif de la veine ?**

Cette deuxième méthode nous indique en réalité
la façon de trouver la première rive de la zone
dangereuse. Pour chercher l'autre, je partirai du
côté opposé et, me dirigeant vers le courant, j'y
rencontrerai, à quelque distance — 2, 3 ou 4 mètres
en général — de la première, l'autre rive, parallèle
à celle-ci ; je la délimiterai comme la première. C'est
entre ces deux rives de rayonnement que circule le
courant, beaucoup plus étroit que la zone nocive.

Plans à échelle réduite.

Ce que nous venons de dire s'applique surtout à
la recherche sur plan à 1 ou 2 centimètres pour

---

(1) Cette vivacité de mouvement peut servir à des recherches sur
plans réduits ; une veine trouvée, on avance dans la direction de
l'oscillation. Si la veine change de direction, je m'en aperçois parce
que l'élan du pendule s'atténue. Cherchant alors plus à droite ou plus
à gauche, je retrouve aisément la verticale grâce à la reprise de
l'oscillation dans le sens du courant en cet endroit. On peut ainsi, en
quelques minutes, suivre un courant d'un bout à l'autre d'une localité
dont on prospecte le plan.

mètre. Quand le plan est beaucoup plus réduit, par exemple 1 ou 2 millimètres ou moins encore, on cherche la veine et sa direction comme nous venons de le dire en A et B ; cette recherche peut suffire s'il ne s'agit que de savoir si, oui ou non, il circule une veine dans le terrain.

Mais si l'on veut des précisions et qu'il faille, par exemple, délimiter la zone nocive ou indiquer un endroit propice pour le forage d'un puits, je délimiterai par quatre lignes la partie du plan qu'il faut examiner de plus près et j'en ferai un agrandissement tel qu'il me donne environ un centimètre pour mètre. Sur cet agrandissement il sera facile de donner les indications en question.

d. **Profondeur et débit approximatifs.**

Pour calculer la profondeur d'une veine trouvée sur plan, nous comptons les oscillations du pendule à partir d'un moment choisi par nous, et nous disons : « Un mètre, deux, trois, etc. » avec la volonté que le pendule se mette à tourner au nombre correspondant à celui de la profondeur. Parfois nous tenons le pendule assez long, et chaque balancement correspond à un mètre ; d'autres fois, quand le pendule n'a que 12 ou 15 cm. de ficelle, nous comptons un mètre par deux oscillations, et mon subconscient fait généralement très bien son office d'avertisseur.

C'est aussi par des oscillations du pendule que nous cherchons le débit par minute ou par heure. L'âme humaine, dans son subconscient, se révèle ici d'une richesse de connaissances étonnantes et, chez certains sujets, elle témoigne d'une souplesse admirable. L'œuvre de Dieu sous ce rapport, mérite d'être étudiée de plus près.

V

UNE LEÇON DE PRUDENCE

Nos étudiants de philosophie viennent de tenter une expérience curieuse à propos de la prospection à distance. L'un d'eux, sourcier, mais non téléradies-thésiste, m'apporta ce matin (8 décembre) un plan à prospecter, en disant :

— Un fermier me prie de lui indiquer, sur ce plan de sa ferme, un point où il pourrait trouver de l'eau. Je suis incompétent en cette matière ; pourriez-vous, Père, faire cette recherche ?

Je l'effectuai aussitôt et lui dis :

— L'eau ne manque pas dans cette ferme. Parmi les veines que j'y trouve, la plus commode pour les besoins de la ferme sera celle-ci, qui passe près de la construction.

Mon jeune collègue me remercia avec, sur les lèvres, un sourire un peu insolite.

Dans la soirée, il revint me voir et s'excusa de m'avoir trompé avec le plan du matin.

— Ce plan, me dit-il, n'était pas celui d'une ferme.

— Peu importe ; ferme ou non, ce sont ces bâti-ments-là que j'ai prospectés.

— Mais, Père, ces bâtiments sont au centre de l'Afrique : ce sont ceux de la mission de Mgr Paternot, qui en comprend une foule d'autres. J'ai choisi ceux-là parce qu'ils représentent assez bien ceux d'une ferme...

— Et que vous pourriez ainsi mieux m'attraper !

— Vous attraper, non, Père; mais voir ce qui se passerait.

— Quelle idée, dis-je, d'aller chercher vos modèles au centre de l'Afrique!

— Ce n'en serait que plus frappant, Père, si vous réussissiez.

— Vous n'irez tout de même pas vérifier sur place, je pense.

— Inutile, Père, car voici la stupéfiante constatation que nous venons de faire. Nous nous étions dit : « Si le Père pouvait trouver la veine qui passe sous le puits de la mission, ce serait un succès magnifique. Or la veine que vous avez dessinée, et dont vous disiez qu'elle est la plus commode pour le service de la maison, passe exactement sous le puits de la mission.

— Comment le savez-vous ?

— C'est bien simple : le dessin que je vous ai apporté ce matin est un décalque pris sur plan de la mission où figurent une foule d'autres indications, notamment un petit cercle avec le mot *Puits*. Comme réussite, c'est parfait.

— En effet, dis-je, la coïncidence est curieuse.

— Vous appelez cela une coïncidence, Père ?

— Mais oui; à moins que vous ne puissiez prouver que c'est autre chose.

— Dans ces pays équatoriaux, l'eau n'est pas toujours facile à trouver.

— Peut-être bien, mais qui vous dit qu'il en est ainsi dans le cas présent ? Si vous voulez en avoir le cœur net, écrivez à Mgr Paternot, dont l'adresse doit se trouver sur le plan de sa mission. Vous pourriez le prier de vous dire, dans l'intérêt de la science, 1º si l'eau est difficile à trouver dans sa région; 2º si le puits qui figure sur la carte de cette mission a été creusé sur les indications d'un sourcier ; 3° dans la négative, si ce puits a été fait sur quelque source connue. Si le digne prélat veut bien vous répondre, sa réponse nous sera très utile dans tous les cas. Si elle est affirmative sur tous ces points, nous aurons des raisons sérieuses pour croire à l'efficacité des recherches sur plan... jusqu'au centre de l'Afrique. Si au contraire elle est négative, nous aurons une preuve, et une preuve péremptoire, qu'il est prudent en matière de science, comme en toute autre matière, du reste, de ne pas conclure sur de simples apparences, si frappantes soient-elles.

La demande fut adressée à Bobo-Dioulasso (Afrique française) et Mgr Paternot eut l'amabilité de nous faire répondre, en date du 6 janvier, 1° Que, dans ce coin de la mission, l'eau se trouve partout à une faible profondeur ; 2° Qu'aucun sourcier n'avait été consulté ; 3° Que l'endroit avait été choisi en raison de sa commodité.

Je me réjouis d'avoir provoqué ces éclaircissements. Ils ont fourni une éloquente leçon de prudence, dont chacun peut faire son profit. En outre, ils empêcheront d'alléguer, en faveur de la téléradies-thésie, une preuve sans valeur. Cette science, pas plus que les autres, n'a besoin de l'erreur pour s'imposer à ceux qui savent. S'il en était autrement, il y a longtemps que nous l'aurions abandonnée.

VI

ACTION RÉCIPROQUE DES ESPRITS

Cette action doit être signalée ici, bien qu'il ne s'agisse pas explicitement de recherches téléradiesthésiques, parce qu'elle explique pas mal d'échecs dans les travaux des sourciers. Le sourcier est un homme doué d'un esprit (d'autres diraient un psychisme) particulièrement sensible. Cette sensibilité l'expose, plus que les autres, à l'influence de la pensée d'autrui. Tout homme subit plus ou moins cette influence sans même s'en douter. Le radiesthésiste, lui, en a des preuves quasi palpables. En voici une ou deux entre bien d'autres.

Un jour qu'à Blandain, je cherchais une veine d'eau en présence d'un groupe de chômeurs — Front populaire français en 1936 — je n'arrivais pas à déterminer les rives de la veine que j'avais sous les pieds. La présence de spectateurs ne me gêne d'ordinaire en aucune façon; mais cette fois-là l'inhibition de mes facultés était manifeste. Elle devait, à mon sens, provenir de l'hostilité de certains parmi les chômeurs. Pendant que je tâtonnais de façon vraiment insolite, un des ouvriers m'interpella tout à coup :

— Monsieur le curé, pourriez-vous, avec votre petite machine, sentir que j'ai eu ma clavicule gauche cassée ?

Je braque ma baguette vers l'endroit indiqué. Elle ne bronche pas, mais en prospectant l'autre clavicule, j'éprouve une vive réaction.

— Mon ami, dis-je, c'est la clavicule droite qui a été cassée, et vous vouliez vous amuser à mes dépens!

— Bravo, monsieur le curé, s'exclamèrent ensemble les ouvriers. C'est bien celle-là; on ne vous attrape pas!

A partir de ce moment, les recherches furent aisées, normales : l'hostilité avait fait place à la sympathie; je le sentais si bien!

Ceux qui se piquent de psychologie diront que le réconfort de ces applaudissements m'avait tout simplement mis en veine. Cette explication s'est présentée à mon esprit. Elle ne suffit pas en la circonstance ; voici d'ailleurs un autre fait qui exclut pareille interprétation.

J'ai cherché cet après-midi le potentiel vital de nos élèves. Je le fais (suivant les indications du docteur D.) en m'approchant de l'enfant, la baguette en position de travail, à partir d'une distance de 6 ou 7 mètres et, suivant le degré de santé du sujet observé, la baguette tourne à une distance qui va de plus de 5 mètres, pour les sujets solides, jusqu'à 2 mètres et moins (pour les malades et les mourants).

Quand j'eus examiné tous nos enfants, le P. Sous-Directeur, qui avait fait office de secrétaire, me dit :

— Père, voudriez-vous examiner de nouveau Michel ; je n'ai pas noté son chiffre.

— Volontiers, dis-je ; allons, Michel, au mur !

Mais j'ai beau tenir dûment ma baguette en me dirigeant vers l'enfant ; elle reste immobile jusqu'à ce que je sois tout contre lui. Je recommence une seconde, puis une troisième fois, sans plus de résultat que si l'enfant était mort.

— C'est étrange, fis-je, voilà bien la première fois de ma vie que cela m'arrive. J'aurai trop travaillé aujourd'hui ; j'examinerai Michel demain.

Les enfants à peine sortis, mon jeune confrère vint me dire :

— Je m'excuse, Père, d'avoir fait une expérience à vos dépens. Elle ne sera pas inutile. Dans votre dernière conférence sur la radiesthésie, vous avez dit que l'opposition, même entièrement muette, des spectateurs peut entraver et même anéantir l'activité du sourcier. L'expérience que je viens de faire vous donne entièrement raison. Pendant qu'à ma demande vous repreniez l'examen de Michel, je disais intérieurement, avec une réelle énergie de volonté : « Je ne veux pas qu'il trouve... Je ne veux pas. » Vous venez de voir le résultat. Vous étiez à cent lieues de penser que je faisais ainsi opposition à votre succès ; l'expérience n'en est que plus concluante.

Cette possibilité de faire échec aux recherches du radiesthésiste peut être une protection fort utile contre les indagations indiscrètes ou intéressées d'opérateurs qui seraient tentés d'abuser de leur don. Aussi quand, au moment de l'invasion allemande de 1940, de pauvres gens affolés (par une propagande qui voulait atteindre à la fois les Germains et les sourciers) venaient nous dire : « Que faire, Père, si les Allemands, qui sont si forts en radiesthésie, viennent chercher notre or ? » Je leur répondais invariablement : « Tenez-vous autant que possible non loin d'eux et dites intérieurement avec confiance : « Je ne veux pas qu'ils trouvent ».

Cette hostilité des assistants explique aussi les insuccès de radiesthésistes de marque devant des observateurs hostiles. D'où vient que des hommes qui font des merveilles en présence d'un public sans préventions défavorables échouent assez souvent devant un groupe plus ou moins malveillant de personnages à qui les prouesses des sourciers apportent gêne ou ombrage ? C'est que les esprits — un peu comme les corps — peuvent gêner le travail les uns des autres.

Et cela nous paraît vrai, non seulement en radiesthésie, mais en une foule d'autres domaines qui se rattachent à la métagnomie : voyance, lecture de pensée, phénomènes de lévitation, etc. La présence de savants incrédules ou hostiles peut avoir pour effet, sans doute, de donner plus de poids au contrôle, ce qui est un bien, mais aussi d'obnubiler l'esprit de l'opérateur en y produisant une sorte de nuage artificiel, ce qui peut être regrettable. Un travail physico-psychologique ne peut être conduit comme une simple expérience de physique (1).

(1) Quand l'opérateur est averti, il peut, dans une certaine mesure, réagir et tenir tête à ses opposants, mais la chose n'est pas toujours aisée, témoin ce que raconte M. Émile CHRISTOPHE dans son « *Apologie du sourcier* », p. 53. L'opposant ne réussit pas à empêcher la baguette de tourner, mais l'éminent radiesthésiste nous dit qu'il ressentit « un étrange malaise... J'éprouvai tous les symptomes d'un proche évanouissement. Je dus faire appel à toute mon énergie pour ne pas défaillir. J'ai très nettement perçu, à mon détriment, les radiations antagonistes, sans pouvoir discerner leur raison ni leur origine », jusqu'à ce que l'opposant eut avoué son action adverse.

Avis aux sourciers : un travail solitaire est souvent préférable.

DEUXIÈME SECTION

VERS UN ESSAI D'EXPLICATION

————————

I

SCIENCE PHYSIQUE OU SCIENCE OCCULTE ?

Il faut certainement distinguer, en radiesthésie, deux séries de faits qui paraissent de nature profondément différente, parce qu'ils semblent dépendre de principes aussi opposés que les sens et l'esprit, l'un étant purement sensoriel, l'autre se révélant de nature intelligente.

Quand le sourcier, tenant sa baguette en position de travail, passe sur un courant souterrain, sur un vide ou une lithoclase, sur une masse très radiante ou de densité notablement différente de celle du sol ambiant, son instrument se met automatiquement en mouvement sous l'action de ces matières. Il en est de même quand un radiesthésiste sensible promène lentement son pendule sur un corps vivant quelconque — homme, animal ou plante — S'il rencontre, dans son mouvement, une lésion quelconque (blessure, microbes, insectes, etc.), le pendule change de mouvement à son arrivée dans la zone périphérique qui correspond à ces altérations. Tout se passe comme si un changement de rayonnement produisait un changement dans le mouvement du

pendule ou amenait une giration de la baguette.
L'esprit n'intervient pas plus en pareil cas que lorsque
nous ressentons le choc d'un objet qui nous heurte
le corps. S'il intervient, c'est tout au plus après coup,
pour enregistrer le fait ou pour en étudier les causes
et les circonstances. Il n'est pour rien dans la pro-
duction du phénomène.

Quand, au contraire, nous cherchons, *par les
moyens en usage dans la radiesthésie*, soit à connaître
la profondeur, le débit ou la composition minérale
d'une source ou les qualités d'un objet caché, soit à
trouver sur plan ou sur photo l'emplacement d'une
veine, d'une personne ou d'un objet quelconque,
alors il ne peut plus être question d'une simple
réaction physique : l'intervention d'une force intelligente s'impose.

Voici en effet comment les choses se passent,
par exemple, dans la recherche de la profondeur
d'un courant. Le sourcier, se tenant au-dessus ou à
côté d'une veine dont il désire connaître la profondeur, donne sur le sol de petits coups de pied avec
le désir que son instrument (baguette ou pendule)
se mette en mouvement quand il arrivera, en les
comptant, au nombre de coups correspondant au
nombre de mètres que mesure la profondeur. Cette
profondeur, en principe, il l'ignore et souvent ne peut
pas même la soupçonner approximativement, mais
le mouvement du détecteur, se produisant après
x coups, lui indique qu'elle est de x mètres. Et ce
chiffre répond ordinairement à peu de chose près à
la réalité (1).

---

(1) Nous disons bien qu'il s'agit là d'une mesure *approximative*, car
la recherche mathématiquement exacte de la profondeur se réalise
rarement. Il se produit le plus souvent un écart analogue à celui qui
se rencontre quand un homme évalue une distance à vue d'œil.

On a beau chercher — et on cherche depuis long-temps — le principe physique qui pourrait commander ces mouvements au moment voulu : impossible d'en découvrir aucun. Un principe intelligent peut seul, en pareil cas, nous transmettre sa connaissance, à lui ; ce principe est — selon toute vraisemblance, j'allais dire : de toute évidence — notre âme subconsciente, comme nous allons l'expliquer. Cette connaissance nous fait naturellement songer aux connaissances para-normales qu'on trouve dans la télépathie, la voyance, l'hypnose, etc.

La nécessité de l'intervention d'un principe intel-ligent — qui ne saurait être autre que notre âme humaine sous un aspect spécial et trop peu connu — apparaît plus nettement encore en téléradiesthésie qu'ailleurs, puisque là, en présence d'une feuille de papier couverte d'un dessin souvent mal fait et repré-sentant un terrain que je n'ai jamais vu et qui peut être aux antipodes, il est totalement impossible d'imaginer une action physique s'exerçant à de pareilles distances et avec une pareille exactitude (1).

Le principe connaissant, en effet, va jusqu'à corriger nos erreurs. Nous l'avons vu, par exemple, dans le

Quand je dis, en regardant un arbre, qu'il se trouve à 30 mètres de moi, ce chiffre ne peut être qu'approximatif. La distance pourrait même être de 25 à 35 mètres sans qu'on ait le droit d'affirmer que j'ai deviné au petit bonheur et sans avoir regardé. En effet, quand un objet se trouve à une distance que j'évalue à 30 m., y a-t-il beaucoup d'hommes, même habitués à ce genre d'évaluations, qui, sans autre base d'appréciation que la vue, oseraient me répondre : « Il n'y a que 29 mètres » ? Quand il s'agit d'évaluations, on pardonne facilement des erreurs d'un trentième, d'un dixième et même d'un cinquième. Le sourcier, même excercé, voit ainsi l'à peu près. Il ne faut pas lu en vouloir de ne pas donner toujours la profondeur exacte.

Ajoutons que certaines matières du sous-sol font office de verres déformants pour l'évaluation des profondeurs, telles certaines argiles, qui paraissent inexistantes pour l'œil radiesthésique.

(1) Voir à ce sujet notre Essai d'explication, deux pages plus loin.

cas que nous avons raconté le 19 juin 1930. Le
lecteur s'en souvient : on m'avait soumis un plan
mal fait. Mon esprit conscient, le croyant conforme
à la réalité, y cherche l'endroit du terrain représenté
où l'on pourra trouver une bonne veine. Il en découvre
une qui, d'après le dessin, devait passer devant le
grand bâtiment à pourvoir d'eau. Arrivé sur place
— une propriété dont j'ignorais même l'existence
jusque-là — je veux naturellement trouver la veine à
l'endroit indiqué sur le plan, c'est-à-dire devant
le bâtiment. Elle n'y est pas, nulle trace de veine en
cet endroit! Mais en cherchant bien tout autour,
je la découvre passant en plein sous le bâtiment en
question. Qui s'est trompé ici ? C'est mon moi
conscient : sur la foi du plan, il a cru que le courant
longeait le bâtiment en avant. Il a cru au dessin.
Mon moi subconscient, lui, n'a pas donné dans ce
panneau : sur le plan du *terrain*, il a trouvé la veine
où elle était, soit à une dizaine de mètres de la limite
de la propriété, sans s'occuper de l'erreur faite par
le dessinateur, qui a mal situé le bâtiment (l'ayant
mis sur la bordure du terrain, alors qu'il se trouve
à quelque 6 mètres de là). Il a ainsi corrigé très
sagement mon erreur, et ses données m'ont immédiatement permis de rétablir les choses suivant la réalité.

   Les cas de ce genre ne sont pas rares; plus d'un
architecte, plus d'un propriétaire pourraient en faire foi.

   Pour répondre à la question posée en tête de ce
petit chapitre, disons que toute la question est de
savoir s'il faut appeler *occulte* une science parce
qu'on ignore le procédé suivant lequel l'âme passe
de la sensation à la pensée. Dans l'affirmative, il
faudrait proclamer occulte toute connaissance
humaine, puisqu'il y a toujours un mystère insondable
— disons un abîme — dans le passage de la sensation
à la pensée et à la conscience psychologique.

II

LA QUESTION A RÉSOUDRE

Comment le subconscient est-il renseigné sur des choses qui échappent à la conscience?

C'est le nœud du problème et, au fond, sur ce point, nous ne pouvons qu'avouer notre complète ignorance. Mais cette ignorance n'empêche pas les hypothèses d'aller leur train. Ces hypothèses, malgré les nuances qui les différencient, peuvent se ramener à deux principales : rayonnement physique et intuition.

Pour les uns, en effet, un rayonnement universel serait à la base de tout. Pour les autres, il ne saurait y avoir d'explication que dans un pouvoir spécial qui permet à l'âme du sourcier d'entrer en communication avec des réalités ordinairement inaccessibles à nos sens. Un mot sur chacune de ces hypothèses.

III

PREMIÈRE HYPOTHÈSE :
RAYONNEMENT UNIVERSEL

Cette hypothèse devait nécessairement se présenter aux esprits à une époque où l'on découvre que tout rayonne et qu'un même objet émet parfois, sinon toujours, plusieurs sortes de rayonnements déjà connus, sans compter ceux que l'avenir nous dévoilera sans doute un jour.

Et l'on s'est dit que, puisque notre organisme est sensible à des choses lointaines et cachées, c'est qu'elles émettent, elles aussi, un rayonnement spécial, qui, sans affecter directement nos cinq sens de façon appréciable, n'en atteint pas moins notre cerveau et ses accessoires merveilleusement sensibles, le bulbe, la moelle épinière, le système nerveux, etc.

Les savants, en effet, nous disent que tout atome, en dépit de sa prodigieuse petitesse — puisqu'il n'en faudrait pas aligner moins de 50.000.000 pour atteindre la longueur d'un millimètre — est cependant tout un petit monde, composé d'un noyau central autour duquel des électrons tournent avec la vitesse inimaginable de centaines de milliards de tours par seconde. Il y a donc, dans toutes les parties de la matière, en dépit de son apparente immobilité, une effroyable activité.

Et le téléradiesthésiste, qui voit son instrument se mouvoir à des milliers de kilomètres de l'objet qu'il cherche sur plan, se demande naturellement si ce ne sont pas les atomes de cet objet qui rayonnent à travers notre monde et viennent le frapper. Chacun d'eux sans doute par sa substance, n'existe qu'en un endroit mais n'est-il pas un peu présent partout par un effet de radiations particulières, qui circulent dans toutes les directions, tout au moins dans le petit monde que nous habitons et qui s'appelle la Terre ? Ce monde est si petit que, si le rayonnement en question est assimilable à l'électricité — et comment en douter quand on sait que c'est toujours sur la « zone rayonnante » que tombe la foudre, phéno-mène essentiellement électrique ? (1) — il lui suffirait

(1) C'est ce que nous avons montré dans nos opuscules sur la foudre : *Où tombe la foudre, Foudre et paratonnerres* (Dumez, à Wervicq).

d'un 23me ($\frac{1}{23}$) de seconde pour nous venir des antipodes par voie directe à travers le globe, un 15me de seconde à peine pour en suivre la courbe extérieure. Or à tout instant mon organisme est touché par ce rayonnement, de la même manière que vous êtes à tout instant atteint par le rayonnement lumineux de millions d'objets, lorsque, par un temps clair vous vous trouvez, sur un point élevé, en face d'un vaste panorama. A tout instant, tous les objets visibles de cet endroit, que vous les regardiez ou non, vous bombardent de leurs rayons lumineux à la vitesse de 300.000 kilomètres à la seconde, et cela sans vous incommoder ni vous déranger le moins du monde. Libre à vous de capter ces rayons en fixant votre regard sur le point qui vous intéresse. Au choix, vous regardez soit les arbres, soit les chemins, soit les fleurs ou les champs de telle ou telle couleur. Dès que vous fixez l'un de ces objets, les autres, qui restent pourtant sous vos yeux, sont à peu près comme s'ils n'existaient plus pour vous à ce moment-là.

Ainsi passe, à tout instant, là où je suis, le rayonnement « existentiel » (appelons-le ainsi) de tous les objets existant dans notre monde ; ils ne cessent de me toucher de leur bombardement imperceptible. Pour les sentir, il faut non seulement avoir l'œil radiesthésique, c'est-à-dire être téléradiesthésiste, mais y prêter attention. Mais comme cet œil radiesthésique se trouve dans notre être subconscient, il faut fournir à celui-ci le moyen de nous dire ce qu'il voit. Ce moyen, c'est le plan et le pendule. Le plan doit être bien individualisé, afin de bien me rendre compte de ce que je cherche. Si je ne le savais pas bien moi-même, comment mon subconscient me renseignerait-il ? Parmi les milliards de radiations qui, à tout instant, viennent à moi de tous les coins du monde, le cerveau humain, tel un condensateur formidable et infiniment délicat, est en état de faire un choix, comme mon regard fait un choix parmi les millions d'objets qu'il a sous les yeux, ou comme l'auditeur de la T. S. F. fait un choix parmi les concerts qui se jouent dans le monde entier.

Si je veux prospecter un champ situé au Congo ou en Australie, il faut que mon attention (mon œil radiesthésique) se fixe sur ce champ. Comment ce regard lui sera-t-il possible ? De la même façon qu'il est possible d'observer avec mes yeux un objet situé peut-être à des centaines de mètres de moi. Quand je regarde cet objet, il s'en forme une image dans mon œil et c'est cette image que je vois et qui me renseigne sur l'objet lui-même.

De même, pour que mon subconscient puisse m'indiquer où se trouve une veine d'eau dans un champ situé en Australie il a aussi besoin d'une image du champ, et c'est elle qu'il observera. Cette image, c'est le plan du terrain qui me la fournit. Ce plan ne me servirait de rien s'il s'agissait de voir avec mes yeux. Mais nous constatons — sans pouvoir l'expliquer — que ce plan, soigneusement prospecté avec un pendule en main, suffit pour nous faire découvrir les endroits où passe un courant souterrain.

Pendant que je regarde ce plan, le rayonnement du champ continue à passer ici, comme il passe partout. Mon subconscient le perçoit ; moi pas. Mais je lui demande, à ce subconscient, de me renseigner ; malheureusement il n'a pas d'organe pour le faire ou, du moins, ses moyens sont excessivement réduits : tout au plus peut-il donner une légère impulsion à mon pendule ou à ma baguette. Cette impulsion, je lui demande de la donner au moment voulu, c'est-à-dire lorsque, pendant la prospection du plan, mon pendule ou mon index passera sur un endroit qui surplombe le courant. Et mon subconscient répond à mes désirs avec une docilité constante. Sans plan que pourrait-il m'indiquer et que pourrais-je comprendre moi-même ?

Tout cela peut paraître étrange, extravagant ; mais l'expérience est là, une expérience mille et mille fois répétée, pour prouver que, sur un plan fait à l'échelle, le téléradiesthésiste trouve effectivement ce qu'il cherche, et le trouve avec assez de précision pour indiquer, à un décimètre près, où il convient de forer pour rencontrer une bonne veine ou de combien de centimètres il faut reculer un lit pour le soustraire à une action dangereuse.

OBJECTION

Cette conception des choses, disons mieux : cette ébauche d'explication, nous souriait assez, parce qu'elle s'appuyait sur une certaine analogie avec les mystères de la T. S. F. ou avec le sens de la vue. En dehors d'elle, nous ne voyions que des théories métapsychiques pour fournir quelque élément d'explication.

Aussi n'est-ce pas sans satisfaction que nous apprîmes un jour que le célèbre abbé Mermet cherchait à expliquer les choses à peu près de la même façon. Pour lui, tout être rayonne et c'est son rayonnement que capte le téléradiesthésiste.

Cependant nous sentions que cette hypothèse d'un rayonnement universel se heurtait à plus d'une objection bien difficile à résoudre, notamment aux suivantes :

a) Si l'on peut concevoir l'existence d'ondes et de trains d'ondes circulant dans toutes les directions, comment expliquer que nous puissions situer les objets dans leur position respective, alors que leurs radiations nous arrivent de côté ou même en sens renversé, par exemple quand elles nous viennent des antipodes ?

b) Comment ces trains d'ondes peuvent-ils nous renseigner sur la profondeur ou le débit d'une source lointaine ?

c) Comment concevoir que ce rayonnement, si faible que très peu d'hommes y sont sensibles, soit néanmoins assez puissant pour franchir tous les obstacles que lui oppose le globe ?

Ces simples questions font comprendre que l'hypothèse d'un rayonnement ne fait que reculer le problème, sans lui donner une solution satisfaisante. Mais l'impossibilité de comprendre une chose, surtout une opération de l'esprit, n'est pas une raison suffisante pour la rejeter. Comprenez-vous comment vous voyez avec vos yeux, comment votre mémoire peut reconstituer un passé qui n'existe plus et y circuler à votre guise dans l'ordre chronologique et à rebours ? Non, vous ne le pouvez pas. Et pourtant cela est.

IV

DEUXIÈME HYPOTHÈSE : L'INTUITION

L'intuition consiste pratiquement à connaître une chose sans l'avoir apprise, ou du moins sans se rendre compte de la façon dont on la connaît. Dans la télépathie, l'hypnose et la voyance (ou double vue), dans la métagnomie en un mot, l'intuition a sa part comme dans toute connaissance paranormale.

Y aurait-il là comme un reste des dons préter-
naturels dont nos premiers parents furent gratifiés
dans la Paradis Terrestre ? On dit que Lacordaire
considérait la chose comme possible à propos du
magnétisme, dont la vogue était grande de son temps.
Mais c'est là une question accessoire.

D'après les partisans de l'intuition, l'âme pourrait,
dans des conditions qui restent mystérieuses, prendre
une connaissance directe des choses sans avoir besoin
de l'intervention des sens et sans être gênée par la
distance. Elle aurait d'autres moyens que l'étude et
l'expérience pour arriver à la science fille de Dieu,
et les connaissances paranormales de toutes sortes
en seraient la preuve.

Nous ne nous croyons pas en droit de le nier
catégoriquement. Au contraire.

On ne peut évidemment objecter ici le principe
qu'il n'y a rien dans l'intelligence qui n'ait passé par
les sens, *nihil est in intellectu quod prius non fuerit
in sensu.* L'intellectus dont il est ici question est
l'intelligence *consciente.* Or cette intelligence ne
prend ici connaissance des données du subconscient
que par des manifestations sensorielles, notamment
par les mouvements de la baguette ou du pendule,
ou par d'autres sensations qu'elle interprète.

Nous vivons dans le monde des sens. C'est par eux
que, dans la vie courante, nous sommes renseignés
sur les réalités du cosmos, et nos perceptions sont
assez fidèles pour que nous puissions nous y fier et
en vivre. Mais ces perceptions sont loin d'épuiser
le réel, tout comme les données d'un modeste atlas
sont loin d'épuiser les réalités du monde qu'il représente à sa façon. Tous les philosophes sont d'accord
pour dire qu'entre le monde des réalités et celui
des perceptions il y a un abîme.

Mais rien ne nous dit que cet abîme soit absolument infranchissable. Peut-être même le monde des réalités est-il étrangement accessible pour celui qui, particulièrement sensible, emploie les moyens de l'atteindre; et bien des cas de voyance et d'hypnose nous inclinent à croire que les notions de temps et d'espace n'y ont plus guère de place, car on rencontre souvent des cas de connaissance paranormale où la vue de l'âme s'étend à la fois au passé, au présent et même à l'avenir, aux objets les plus éloignés comme aux plus proches. Mais on remarquera que ce ne sont toujours que des éclairs passagers, des vues partielles, et jamais le grand jour de l'âme dégagée du corps, qui verra les choses bien à l'aise dans le plein rayonnement de la vérité.

V

LE POUVOIR DE L'ESPRIT

1. Devant toutes ces considérations, et combien d'autres encore, que nous a suggérées l'étude de la radiesthésie, nous nous sommes demandé si, dans les recherches sur plan, comme dans les autres cas de connaissance anormale, — le spiritisme authentique excepté — l'esprit conscient ne serait pas admis à jeter, dans certaines conditions, comme un rapide coup d'œil sur un immense trésor de connaissances subconscientes, qu'il possède grâce à son « contact » permanent et nécessaire avec l'Être divin; connaissances qu'il ne lui est pas possible de communiquer à l'intelligence consciente et discursive, sauf dans des cas exceptionnels, dont nous ignorons encore les lois mystérieuses.

2. Que notre esprit soit, de sa nature, très riche en connaissances latentes, ou tout au moins susceptible de les acquérir dans certaines conditions, plus d'un fait le prouve. Qu'on songe aux merveilles de l'instinct, qui opère avec tant de sagesse et de sûreté sans qu'intervienne la réflexion. Qu'on songe aux réalisations extraordinaires des génies et aux exploits presque miraculeux d'enfants-prodiges et de calculateurs étranges, qui, en moins de temps qu'il n'en faut pour l'écrire, effectuent la division d'une somme de quinze chiffres par une somme de six chiffres, et cela, dirait-on, sans aucun effort d'attention, comme s'ils lisaient simplement la réponse sur un écran divin. Qu'on songe surtout à ces stupéfiantes applications de la physique, de la chimie, de l'électricité, de l'architecture, de la balistique, de l'équilibre, de mille autres sciences encore, que nous constatons dans l'œuvre quotidienne de la construction, de l'entretien, de la restauration et de l'auto-défense de notre corps et de notre âme.

C'est l'âme en effet qui, seule, préside à ce travail formidable, où elle se révèle à la fois chimiste de génie unique, virtuose de la physique, esthète sans pareil, inventeur toujours en puissance de créations nouvelles, qui déroutent toutes les conceptions du génie humain, médecin incomparable, sachant tirer parti de tout élément utile, porter remède à tout dérangement visible ou invisible, à toute blessure, à tout déficit, proportionnant les moyens à la fin avec une maîtrise déconcertante, adaptant même nos désirs à nos besoins et transformant, quand il le faut, nos efforts en plaisir...

Où est le génie qui pourrait, comme elle, dégager, dans le flot d'aliments que nous ingurgitons, le nombre exact de molécules de chaque sorte qu'il faut pour la formation des os, des chairs, des nerfs, des muscles, pour le maintien ou le rétablissement de la chaleur, etc.? Quelle intelligence humaine serait capable de tracer à ces molécules le chemin à suivre pour parvenir au lieu où leur présence est attendue ? Quel génie mesurera jamais avec précision la proportion essentiellement variable de ces éléments correspondant aux besoins divers résultant d'une activité qui varie constamment, d'une alimentation tantôt excessive, tantôt déficiente ? Quel sportif de génie pourrait mesurer comme elle l'effort à imposer aux muscles pour atteindre tel but sans le dépasser, pour rendre nos gestes harmonieux et pour qu'ils n'aient rien du caractère grotesque de ceux d'un pantin ?

Quand l'eau vous vient à la bouche en présence d'une pomme acide ou d'une friandise alléchante, savez-vous que l'âme fabrique là, sur place et à l'instant, des « eaux » de composition essentiellement différente, destinées à faciliter la digestion scit de l'acide, soit du sucre, suivant le besoin ? Comment fait-elle pour en assembler les éléments et les mélanger dans les proportions voulues pour qu'ils atteignent le but ? Comment, si elle n'avait des connaissances infiniment supérieures à celles de l'esprit conscient, pourrait-elle installer dans un local aussi restreint que le cerveau des milliards de ramifications nerveuses, admirablement reliées entre elles, et capables de conduire nos impressions de la périphérie à nos divers centres cérébraux ou de là aux extrémités les plus éloignées du corps et surtout à nos organes moteurs, pour qu'ils accomplissent les actes utiles, nécessaires ou simplement agréables à l'être entier?

Nous n'avons indiqué en ces lignes qu'un petit nombre des problèmes que l'âme résout à chaque instant en nous, et pourtant celui qui réfléchit ne manquera pas d'être stupéfié par le génie et la variété des connaissances dont elle fait preuve.

Or tout cela, et mille autres merveilles encore, l'âme le fait, non après un apprentissage plus ou moins long, mais dès le premier instant de son existence. A peine a-t-elle pris possession du petit corps en formation qu'elle remplit ses fonctions avec une perfection qui en dit long sur les connaissances dont Dieu l'a enrichie.

Mais faut-il croire que Dieu ne lui a rien donné de plus que ce qui lui est strictement nécessaire à son rôle d'animatrice du corps et qu'à tout le reste il l'a laissée étrangère et indifférente, devant tout attendre de l'expérience et de l'étude ?

A cette question nous ne pouvons répondre qu'en consultant l'expérience, notre grande maîtresse. Or l'expérience nous répond par des faits qui ne permettent plus le doute.

Ces faits sont les connaissances dites paranormales, voyance, hypnotisme, télépathie, téléradiesthésie, etc. Ils affirment que dans certains cas, dans certaines conditions, encore mystérieuses et le plus souvent intermittentes, l'esprit conscient prend connaissance de choses que ses moyens naturels d'informations ne sauraient lui fournir, et que ces connaissances lui sont données comme du fond de lui-même, souvent sans transe ni effort anormal.

Oui, vraiment, ce que nous appelons le subconscient, et que certains paraissent prendre, bien à tort, pour des réminiscences inconscientes ou un phénomène d'hérédité, nous paraît avoir une étendue qui dépasse toute science humaine et comprendre peut-être dans sa sphère toute connaissance et toute science possible en ce monde.

Ce ne sont là sans doute que faits d'auto-structure et de défense vitale purement pratique, et rien ne prouve dira-t-on, qu'en dehors de ces fonctions actives, le subconscient ait quelque connaissance ou quelque aptitude remarquable.

Le fait est que l'intelligence consciente serait bien en peine de donner la théorie des lois que l'âme suit avec tant de sagesse et de sûreté, mais les intuitions du génie et les révélations contrôlables dont nous avons parlé, les réalisations stupéfiantes des talents supérieurs et les faits quotidiens de télépathie, de médiumnité, de voyance, etc., tout cela ne témoigne-t-il pas en faveur de connaissances mystérieuses, qui sont, je ne dis pas *en nous* — n'affirmons rien d'incertain — mais à la portée de notre âme, dans ces circonstances qui, pour être rares, n'en sont pas moins réelles ?

Nier ces faits ou les attribuer, parce qu'on ne peut encore les expliquer à l'heure qu'il est, à l'intervention positive de quelque puissance surnaturelle serait faire preuve d'un sans-gêne fort peu scientifique et dont nous dirions volontiers qu'il n'est plus de notre temps.

D'ailleurs, affirmer que l'âme arrive à ces connaissances exceptionnelles, non par ses propres forces, mais par celles d'autres êtres plus clairvoyants que nous, n'est-ce pas simplement reculer le problème et nous remettre en face des difficultés rencontrées dans les hypothèses précédentes ?

Le problème s'est présenté autrefois sous une forme analogue à ceux qui étudiaient de près le magnétisme animal et surtout l'hypnotisme et la voyance, dans lesquels intervenait manifestement un principe spirituel intelligent.

« Si la faculté de connaissance paranormale, écrit

le Dr Osty, met en jeu un *sens spécial* inconnu, elle met certainement aussi en jeu une *intelligence spéciale* inconnue... Intelligence vivace, qui élabore les données et, avec une grande virtuosité, les présente dans le champ de la conscience, transposées dans le jeu des images sensorielles de l'ordinaire représentation mentale, merveilleux spectacle pour l'observateur » (E. Osty, Revue métapsychique, sept.-oct. 1928).

Pour Carrel, il s'agit bien d'une aptitude de l'esprit, car il écrit : « Nous savons que l'esprit n'est pas entièrement dans les quatre dimensions du Continuum physique. Il se trouve à la fois dans l'univers matériel et ailleurs. Il s'insère dans la matière par l'intermédiaire du cerveau et se prolonge hors de l'espace et du temps, comme une algue qui se fixe à un rocher et laisse flotter sa chevelure dans le mystère de l'océan » (1).

3. Mais quelle est cette intelligence qui, chez certaines personnes et dans certaines conditions seulement, communique à la conscience certaines de ses connaissances ? Nous l'ignorons ; et cela probablement parce que nous ne connaissons pas assez notre âme. C'est du moins ce que nous reprochent les savants et les fakirs de l'Inde (2).

Ce pouvoir connaissant, nous l'avons appelé le subconscient et lui avons attribué les étonnantes aptitudes d'ordre pratique qu'il révèle dans notre vie physique et psychique. Mais s'agit-il là d'une intelligence sous-jacente à notre intelligence con-

(1) *L'homme, cet inconnu*, p. 319.
(2) Ils reconnaissent notre supériorité en matière de physique et de chimie, mais nous trouvent inférieurs à eux en ce qui concerne la connaissance de l'esprit humain.

sciente et individuelle ? Ou bien serait-ce une intelligence non-individuelle, mais plus ou moins collec-
tive, au contact de laquelle nous vivons et dans
laquelle Dieu met à notre portée certains aspects
de sa science universelle, comme il met à notre portée
sa sagesse et sa puissance dans les merveilles de notre
vie inconsciente ? Qui pourra le dire ?

Les auteurs ne sont pas rares qui, partant de l'observation des faits de connaissance paranormale, affirment
que tout ce qui a existé, que tout ce qui se passe,
laisse sa trace dans le présent, et que tout, pensée,
acte, désir, etc. peut se retrouver, un peu, dirait-on,
comme nous pouvons retrouver dans notre mémoire
les choses que nous avons vécues ou dont nous avons
été témoins.

4. Ils le disent, mais sans le prouver et ne répondent
pas à la question de savoir où tout cela peut se retrouver. Certains cependant font exception. Ainsi pour
le Dr Leprince, l'éther serait le lieu de cet enregistre-
ment universel. Et il n'est pas seul à le penser. Voici
en effet ce qu'il écrit dans *Les ondes de la pensée* :
« Cette opinion de la survivance (des pensées) dans
l'éther est admise par de nombreux auteurs... Cet
éther, qui est présent partout, qui pénètre tout de la
façon la plus intime, met tous les êtres, tous les
objets, tout ce qui existe sur la terre, dans elle ou
hors d'elle en relation les uns avec les autres. L'éther
étant un milieu essentiellement mobile et excellemment
transmetteur, rien ne peut se produire et aucune
vibration ne peut être lancée à travers lui, si minime
soit-elle, sans qu'elle soit diffusée immédiatement
partout, peu importe la distance. La T. S. F. est là pour
le prouver à l'esprit le plus prévenu. On sait qu'un
soupir poussé à Londres est aussitôt entendu à Tokio

et à Prétoria ». Il ajoute plus loin : « L'éther n'est pas seulement un transmetteur parfait; il est aussi un enregistreur total. Il conserve, selon les écoles théosophique et occultiste, sous forme de clichés, tous les événements qui se sont produits depuis les temps les plus reculés... »

Nous citons ces passages, non pour faire nôtres les idées qu'ils émettent, mais pour montrer que les faits de connaissance paranormale postulent l'existence d'un être qui connaît infiniment de choses et avec lequel l'esprit humain est en relation dans des conditions qui restent très mystérieuses, mais qui se produisent incontestablement. Quant à faire de l'éther matériel ce merveilleux pourvoyeur de nos connaissances les plus étonnantes, c'est, nous semble-t-il, aller à l'encontre de l'évidence. Notre esprit, en effet, ne cherche pas seulement, comme dans une mémoire automatique, les faits du passé, mais de simples relations actuelles et mêmes des événements futurs, qui ne peuvent évidemment avoir laissé de clichés après eux, puisqu'ils ne sont pas encore. Nous demandons aussi, en radiesthésie, la simple situation d'un objet, la profondeur d'une veine, la résidence d'un absent, la convenance d'un moyen par rapport à sa fin, etc... Dire que tout cela est *inscrit* dans la portion d'espace ou d'éther qui m'entoure, c'est en réalité ne rien expliquer. Est-ce autre chose que se payer de mots ? A moins de faire de l'éther une sorte d'esprit universel qui tient tous les êtres et tous les esprits individuels sous son empire (?!).

5. Et alors ces messieurs ne seraient pas loin du rêve que je me forge parfois devant le besoin de trouver une ébauche d'explication. je me représente une sorte de substratum mental commun, une sorte d'atmos-

phère spirituelle, extérieure à notre âme personnelle, et unissant à sa façon tous les esprits, un peu comme la matière unit tous les corps, sans se confondre avec eux. Dans cette entité mystérieuse on dirait que se réfléchit, comme dans un miroir, toute connaissance humaine et même toute réalité connaissable sur terre (1). Il ne s'agit pas de l'intellect actif d'Averroès, mais d'un principe intelligent que la bonté du Ciel a mis à notre portée et dont la sagesse explique les merveilles de l'instinct, de la structure des êtres, et des connaissances paranormales...

Et, comme ce ne sont pas seulement les choses présentes et passées que pénètre la connaissance paranormale, mais parfois même des choses futures échappant à toute possibilité de prévision, je me demande si la source de ces connaissances mystérieuses ne serait pas la science divine elle-même mise plus directement à notre portée dans certains cas.

Aussi bien est-il de foi que nous vivons en Dieu dans un contact d'une intimité ineffable. Faudrait-il se scandaliser de ce que parfois il nous permette d'entrevoir certaines vérités dont il garde habituellement le secret ?

(1) Le docteur LEPRINCE, dans son curieux livre intitulé « Les ondes de la pensée », écrit, à la page 164 : « Au-delà de la pensée, au-delà de l'exercice cérébral de son intelligence, qui nécessite des perceptions sensorielles et l'habitude d'enchaîner les jugements, l'être humain possède un véritable plan de l'esprit, capable de prendre connaissance du réel, sans que l'espace et le temps y fassent obstacle ».

Plus loin, il cite cette affirmation du célèbre docteur Calligaris, de l'Université de Rome : « L'univers entier est projeté dans le subconscient de l'homme... Notre subconscient connaît, voit, entend et comprend tout ce qui se passe autour de lui, même à des distances considérables » (ibid. p. 176)... « Une onde, une énergie quelconque projetée à travers l'espace, impressionne au même instant tous les êtres et choses de l'univers ».

Ces affirmations catégoriques n'ont pas encore pour elles les constatations de la science officielle, mais bien des choses se passent comme si elles exprimaient une grande et mystérieuse vérité.

Mais n'insistons pas : ce n'est là, je l'ai dit, qu'un simple rêve, dont rien ne prouve qu'il corresponde, si peu que ce soit, à la réalité. Celle-ci reste et sera toujours mystérieuse et impénétrable.

* * *

6. Quoi qu'il en soit, cette hypothèse de l'intuition et de la prédominance absolue de l'esprit explique mieux que toute autre le fait curieux que le téléradiesthésiste, par exemple, n'a pas besoin d'un plan de tout point exact, ni d'un portrait individuel pour trouver courants ou maladies. Nous avons vu qu'une ligne de base conventionnelle suffit, et nous savons qu'une planche anatomique commune peut servir pour l'examen de n'importe quel malade bien déterminé dans l'esprit du radiesthésiste (par exemple, celui qui écrit, celui dont on parle, celui auquel je pense, etc.).

L'essentiel, on le voit, n'est pas d'avoir une foule de détails précis, mais de se rendre bien compte de ce que l'on cherche et de donner à l'âme cryptique ou subconsciente le moyen de nous renseigner et de nous faire comprendre sa réponse.

Or cette base indispensable, nous la lui fournissons non seulement quand nous travaillons sur un beau plan d'architecte ou sur un croquis fait d'après nature, mais encore lorsque, tout simplement, nous précisons assez les choses pour nous comprendre nous-mêmes, disant, par exemple : « Cette ligne représente la façade du numéro x de telle rue, ou le pignon de la maison de M. Untel, ou la bordure du champ que je dois prospecter à N., ou même simplement le côté rue de la maison dont on m'a parlé ». Dans tous ces cas, l'immeuble à prospecter est suffisamment individualisé pour qu'il ne se confonde pas avec un autre. Il constitue par le fait même une base d'opération suffisante pour un téléradiesthésiste en forme. C'est là un fait, non une simple hypothèse.

En somme il suffit que le conscient sache bien ce qu'il cherche et que la volonté indique au subconscient le mode de convention qui est à sa portée pour la réponse, par exemple tel mouvement du pendule ou de la baguette.

Cette hypothèse permet de comprendre comment le même mouvement du détecteur peut correspondre à des réponses opposées. Ainsi quand l'abbé Mermet prospectait un malade, son pendule girait sur les parties saines, il oscillait sur les parties malades. Chez d'autres radiesthésistes, dont nous sommes, c'est l'inverse qui se produit : giration sur les parties malades et oscillation sur les parties saines.

Y a-t-il là contradiction, comme le croient certains témoins parfois scandalisés ? Pas le moins du monde : cela dépend de la convention faite avec le subconscient. Est-ce que le même geste, le même mouvement ne peut signifier des choses opposées suivant les conventions faites à l'avance ?

En physique ou en chimie, de pareilles conventions ne sont pas possibles ; les éléments ne raisonnent pas : ils agissent et réagissent sans plus. Mais la réponse donnée par le détecteur n'est pas une simple réaction physique ou chimique. C'est le langage d'un être intelligent qui se sert des signes convenus.

Quand au plan, composé de parties, comme le terrain, il offre un moyen assez précis de trouver la réponse cherchée. L'esprit n'a qu'à puiser dans le trésor de ses connaissances mystérieuses pour savoir où se trouve l'objet cherché, et à actionner à sa façon

le détecteur, suivant les conventions faites, pour
que le conscient soit informé de ce qui l'intéresse,
pour autant du moins que le comportent les moyens
restreints que possède le subconscient. Mais pour
cela, il faut, ou bien qu'il possède lui-même certaines
qualités un peu exceptionnelles que ne possèdent
pas tous les esprits — telle par exemple la faculté de
voyance — ou qu'il trouve dans l'organisme, ce qui
est le cas du sourcier, une sensibilité suffisante pour
que sa réponse soit perçue et amplifiée dans les
conditions voulues.

7. Deux objections : les erreurs et la spécialisation
en radiesthésie. Si c'est l'esprit subconscient qui
renseigne le téléradiesthésiste et que cet esprit soit
si riche en connaissances multiples, dit-on, d'où vient
qu'il y ait tant d'erreurs en téléradiesthésie ? D'où
vient que l'opérateur ne soit sûr de lui que dans
certains domaines, à l'exclusion des autres ?

a) *Les erreurs.*
Les erreurs existent en téléradiesthésie, non
seulement chez les débutants et les opérateurs de
talent médiocre, mais même chez les « as », ceux
qu'on appelle les « cent pour cent ». Est-ce qu'un
homme doué d'une excellente vue n'a pas parfois
des illusions d'optique ? Est-ce qu'un sujet ayant
l'oreille fine ne comprend jamais mal ce qu'on lui
dit ou ne se trompe jamais dans l'intonation d'un
chant ? Ces erreurs tiennent à l'infirmité des facultés
humaines.

Que le subconscient ne soit pas toujours à notre
service comme nous le voudrions, nous n'avons pas
besoin de le prouver.

En outre, conscient et subconscient appartiennent

à la même âme humaine et sont faillibles, l'un comme l'autre.

Tantôt, c'est le sujet qui n'est pas en forme ; dans ce cas, le conscient dit volontiers qu'il n'est bon à rien.

Tantôt, c'est le plan qui est trop petit ou trop nu, de sorte que les parties se confondent ou manquent de points de repère pour les précisions requises.

Tantôt, c'est le prospecteur lui-même qui reste sous l'influence d'un travail récent. En examinant, par exemple, l'un après l'autre, deux plans de maisons semblables ou peu s'en faut, il subit dans la seconde recherche l'influence de la première...

Il arrive aussi que, par l'effet d'une idée ou du désir, le conscient se substitue au subconscient et agit sur le mouvement du pendule : c'est la suggestion.

Enfin, il peut arriver aussi que l'état d'esprit des assistants, s'il est sceptique et surtout hostile, jette sur le subconscient comme un nuage artificiel qui l'empêche de voir ce qu'il verrait bien s'il travaillait dans la solitude.

Tout cela n'empêche pas certains téléradiesthésistes de réussir 95 % de leurs recherches sur plan, et ne prouve que l'imperfection des facultés humaines.

b) *La spécialisation de la sensibilité radiesthésique.*

C'est un fait, déjà signalé ailleurs, que les radiesthésistes sont inégalement doués pour la découverte des différents objets, les uns ne trouvant bien que l'eau, les autres n'ayant d'aptitudes que pour la recherche des maladies, ou des métaux, ou des personnes absentes, ou pour les phénomènes électriques, et ainsi de suite. Il est pour le moins très rare qu'un sujet ait des aptitudes égales pour toutes les branches de la radiesthésie. Et l'on pourrait

conclure de là que, si c'était vraiment l'esprit qui
fût en cause ici, lui qui, dans la structure du corps,
se révèle si habile chimiste, il serait capable de découvrir également tous les corps absents ou cachés que
nous cherchons. Comment ce subconscient, qui
trouve, sans peine et comme en se jouant, un courant
souterrain situé au Congo ou en Argentine n'est-il
pas capable de découvrir une forte masse de fer placée
à 3 mètres de moi ? Reconnaissons que cette objection
est sérieuse, non moins sérieuse que celles qu'on
oppose aux autres hypothèses tendant à expliquer
la téléradiesthésie.

C'est un fait que le prospecteur ne trouve sur plan
que ce qu'il est capable de trouver sur place. Faut-il
s'en étonner ? Non, car c'est la même âme qui agit
et qui sent, de loin comme de près, sur plan comme
sur place. Mais alors de quel droit parler du pouvoir
de l'esprit ? Mystère ; oui, mystère dans toutes les
directions... Cependant l'existence de problèmes
insolubles pour notre esprit ne doit pas empêcher
d'admettre une réalité ; sinon il faudrait tout nier,
car à propos de tout surgissent des mystères
impénétrables. Comment *expliquer* que certaines
mémoires ne retiennent que certains genres de faits,
que certains yeux ne voient que certaines couleurs,
que certains « voyants » ne discernent que certains
faits déterminés, etc. etc. ? Tout cela est curieux,
inexplicable, mais cela ne prouve pas que les facultés
déficientes soient inexistantes.

Il faut d'ailleurs remarquer que, si le subconscient
est un merveilleux organisateur et un virtuose de la
chimie et de l'hygiène, il n'est tout cela qu'*in actu*,
en action seulement, et il serait bien en peine, comme
nous l'avons déjà dit à propos de la conscience psychologique, de mettre en formules les lois qu'il applique.

Son génie n'a rien de spéculatif : la vie et le raisonnement sont deux choses essentiellement différentes, dans notre subconscient non moins que dans notre vie extérieure.

Bref, nous constatons les faits sans pouvoir les expliquer. Et il ne faut pas s'en étonner, car « nous ne connaissons le tout de rien » et la volonté de comprendre l'incompréhensible mène à l'agnosticisme absolu...

VI

EST-IL PRUDENT D'ASSIGNER DES LIMITES FIXES AUX POSSIBILITÉS DE LA RADIESTHÉSIE?

Des limites fixes, non assurément, car nous connaissons bien peu les œuvres de Dieu, et la science nous prouve chaque jour qu'elles sont mille fois plus riches que le savoir d'un temps donné ne le supposait. Mettre des bornes fixes aux possibilités d'une science ou d'une invention nouvelle, c'est s'exposer aux mécomptes de ces savants du passé qui affirmaient gravement que l'électricité ne saurait jamais servir qu'à organiser des divertissements curieux, ou que les chemins de fer rapides seraient toujours impossibles parce qu'un être vivant ne saurait vivre dans un véhicule allant à une vitesse de 50 kilomètres à l'heure! Nous sommes, en présence de l'œuvre du Créateur, de petits enfants qui avons chaque jour à apprendre du nouveau, et l'attitude du savant comme de l'ignorant doit être non celle d'un maître qui légifère, mais celle d'un élève docile, qui écoute et observe.

Un chose est cependant certaine, c'est que jamais le radiesthésiste ne pourra accomplir un miracle, comme de ressusciter un mort, de multiplier des pains, d'arrêter le soleil ou de guérir un malade par le seul effet de sa volonté. Encore faut-il remarquer, à propos de ce dernier point, que s'il faut être Dieu pour rendre ses membres à un grand éclopé, il ne faut pas l'être pour agir efficacement, par suggestion ou par une influence thérapeutique exceptionnelle, comme le font certains guérisseurs; mais ces cas sortent manifestement du cadre de la radiesthésie.

Certains dogmatisants veulent bien admettre qu'on puisse faire des découvertes utiles sur un plan authentique de la chose à prospecter, sur une photographie réelle de la personne à examiner, mais écartent la possibilité de se servir utilement, sans l'intervention d'une puissance supra-terrestre, d'un objet autre que le plan véritable ou la photo de la personne en question. D'après ces messieurs, une ligne quelconque tracée par le sourcier sur le papier ou sur le sol ne pourra jamais représenter efficacement la façade de n'importe quelle maison à laquelle je pense; jamais la planche anatomique de mon dictionnaire ne saurait servir à l'examen du malade qui est devant moi ou dont on me parle. Il n'y a, paraît-il, aucune proportion entre ma volonté et cette substitution d'une image conventionnelle à l'objet.

Je conçois qu'on ne comprenne rien à ce qui se passe et qu'on n'y croie pas sans preuves aveuglantes; mais de quel droit assigner telles limites à une chose qu'on ne connaît pas ? C'est de l'arbitraire pur et simple, puisque cette prétention est contredite par l'expérience quotidienne.

Chaque jour, en effet, nous pratiquons de telles

recherches sur des objets types *ad omnia*. Une simple ligne tracée sur le papier ou sur le sol représente pour nous tantôt la façade de la maison dont on parle, tantôt la bordure d'un champ à prospecter ou la niche d'un chien malade, etc. etc. De même une planche anatomique ou une figure humaine crayonnée grossièrement, représentera, à notre gré, soit notre personne, soit tel de nos amis ou de nos connaissances. Et nos recherches effectuées sur ces objets *ad omnia* sont régulièrement couronnées de succès. Et ces recherches, nous le répétons, ne sont pas plus difficiles ni plus fatigantes que n'importe quelle opération de nos sens.

A ceux qui prétendent que c'est impossible nous répondons qu'ils se trompent, puisque cela est : *ab esse ad posse valet illatio*, dit-on en philosophie. Si un fait existe, c'est qu'il est possible.

Déclarer une chose impossible parce qu'on ne la comprend pas, c'est s'attribuer une pénétration d'esprit exagérée, dont l'histoire nous fournit de nombreux exemples.

En 1689, on consulta sur le mystère de la baguette le P. Malebranche, dont l'autorité était grande en philosophie. Mais philosophie n'est pas radiesthésie ni même simple sourcellerie. L'illustre philosophe répondit que, *si la baguette tournait réellement*, ce ne pouvait être que le fait du démon. Voilà l'ancienne syllogistique en action. Le grand « savant » n'a pas même besoin de savoir si la baguette tourne : la question lui paraît d'importance secondaire. Il suffit d'être exceptionnellement intelligent (comme il croit l'être) pour savoir à quoi s'en tenir. Explicitons un peu la pensée de Malebranche.

Placé en face du problème de la baguette, il se dit :

« S'il y avait une explication naturelle et scientifique
de ce problème, nul doute que mon esprit ultra-
pénétrant et ma compétence exceptionnelle des
choses humaines et divines me la feraient vite aper-
cevoir. Or je n'en vois pas. Par conséquent, l'explication n'est pas à trouver dans les forces de ce monde,
car il est évident qu'elle ne saurait échapper à ma
sagacité. Je puis donc conclure sans crainte d'erreur
que, si la baguette tourne, elle ne peut être actionnée
que par une puissance de l'autre monde. Mais dans
l'autre monde, il n'y a que deux ordres de puissances,
la bonne et la mauvaise, Dieu et Satan. Or Dieu ne
va évidemment pas s'abaisser à faire tourner des
baguettes dans les mains de ses créatures. C'est
donc à Satan seul qu'on peut attribuer le mouvement
en question ».

Ce brillant esprit, au lieu de consulter l'expérience,
notre grande institutrice en matières profanes, part
de ce principe que rien ne saurait échapper à son
intelligence si pénétrante. Serait-il exagéré de dire
que plus d'un anti-radiesthésiste part inconsciemment
du même principe ?

Encore un fait historique. En 1852, un moraliste
de renom et qui faisait autorité dans les séminaires,
écrivait, à propos de la baguette considérée comme
objet de superstition : « Il faut certainement condamner l'usage de la baguette si son mouvement,
suivant les intentions de l'opérateur, ne se produit
qu'en présence de ce qu'il cherche et ne se produit
plus en présence de la même matière quand il ne la
cherche pas, car il n'y a pas de proportion entre un
objet naturel et les intentions d'un homme. Par
contre, il n'est pas certain qu'il faille condamner cet
usage si le mouvement se produit toujours sur l'eau
ou le métal. Encore faut-il, au préalable, protester

qu'on ne veut en aucune façon accepter la coopération de Satan » (1).

C'est net et catégorique. Et pourtant, quelques années plus tard, après avoir examiné la chose bien objectivement, le ton baissait singulièrement. Au début du siècle présent, on ne nommait même plus l'usage de la baguette parmi les pratiques superstitieuses, et aujourd'hui elle n'est pas plus nommée dans les manuels de morale que la physique ou l'arboriculture. L'histoire est remplie de leçons de ce genre. Profitons-en, et ne nous basons pas sur notre impression plus ou moins superficielle pour crier : « Jusque là et pas plus loin ! » Les faits pourraient nous donner tort et nous rabattre le caquet.

Sans doute, il ne faut pas accepter sans preuves irréfutables des affirmations qui stupéfient par leur caractère étrange, mais il est un peu enfantin de proclamer impossible une chose parce qu'elle ne cadre pas avec nos idées ou même avec les soi-disant données de la science. La science n'est pas un Credo immuable. Elle se forme chaque jour et se complète des nouveaux apports de l'expérience. Il faut savoir réserver son assentiment jusqu'à plus ample informé, comme on dit en jurisprudence.

Quand la science est contredite par un fait, c'est qu'elle ne mérite pas le nom de science.

1) GURY, *Compendium Theologiae moralis*, 1852, vol. II, p. 121.

BIBLIOGRAPHIE

———

BARBARIN G., *Qu'est-ce que la radiesthésie?* Plon, Paris.

BOURDOUX (R. P.), *Radiesthésie pour les missionnaires.* Casterman, Tournai.

CHARLOTEAUX, *Radiesthésie physique.*

CHRISTOPHE E., *Tu seras sourcier.*
               Apologie du sourcier.
               La prospection à distance (revue).

Compte rendu du *Congrès de radiesthésie de Liége*, 1939.

DESBUQUOIT (R. P.), *Les veines qui tuent.* Lethielleux, Paris.

DISCRY G., *Radiesthésie pour tous.* Aywaille.

LACROIX-A-L'HENRY, *Manuel de radiesthésie*, et *Théories et procédés radiesthésiques.* Maison de la radiesthésie, Paris.

LAKHOVSKY G., *La nature et ses merveilles.* Hachette, Paris.

LAMBERT A., *Influences cosmiques.* Maison de la radiesthésie, Paris.

LEPRINCE (Dr), *Les ondes de la pensée.* Dangles, Paris.

MERMET (abbé), *Comment j'opère* (épuisé).

MERTENS V., *Radiesthésie, téléradiesthésie et phénomènes hyperphysiques.* Casterman, Tournai.

REGNAULT J., *Biodynamique et radiations.* Toulon.

———◆———

Vous avez une question
sur l'Hermétisme,
l'Esotérisme ou la pratique des
Sciences Occultes ?

L'Encyclopédie Ésotérique vous apportera des réponses et des mises au point précieuses.
Cliquez www.ceodeo.com

L'Encyclopédie Ésotérique ainsi que les articles, dossiers, cours et essais que vous trouverez sur notre site s'adressent tant aux profanes qu'aux spécialistes.

Collège Ésotérique et Occultiste
d'Europe et d'Orient
(CEODEO) www.ceodeo.com

www.ingramcontent.com/pod-product-compliance
Lightning Source LLC
Chambersburg PA
CBHW071755090426
42737CB00012B/1826